W0206093

Vera F. Birkenbihl
Kommunikation für Könner
schnell trainiert

Vera F. Birkenbihl

Kommunikation für Könner schnell trainiert

Die hohe Kunst
der professionellen
Kommunikationstechniken

Weiterbildungsseminar

mvg verlag

CIP-Titelaufnahme der Deutschen Bibliothek

Birkenbihl, Vera F.:
Kommunikation für Könner schnell trainiert: d. hohe Kunst d. professionellen Kommunikationstechniken; Weiterbildungsseminar/ Vera F. Birkenbihl. – Landsberg am Lech: mvg-Verl., 1988
(mvg-Sachbücher)
ISBN 3-478-07350-2

© Gesamtdeutsche Rechte bei mvg – Moderne Verlagsgesellschaft München/Landsberg am Lech
Umschlaggestaltung: Gruber & König, Augsburg
Satz: SatzStudio Pfeifer, Germering
Druck: Presse-Druck, Augsburg
Bindearbeiten: Thomas, Augsburg
Printed in Germany 070 350/1188302
ISBN 3-478-07350-2

Inhaltsverzeichnis

Vorwort

Mit diesem Band der Reihe »Weiterbildungsseminare« wollen wir ein Konzept fortführen, das sich bereits mit dem ersten Band[1] gut bewährt hat.
Seminare benötigen einen nicht unerheblichen Zeit- und Kostenaufwand. Aber davon abgesehen fehlt es auch oft an der Gelegenheit, an einem entsprechenden Seminar teilzunehmen.
Dieses »Seminar in Buchform« bietet sowohl für den einzelnen wie auch für (Firmen-) Gruppen viele Vorteile, z.B.:

- die Seminararbeit kann zu jeder Zeit und an jedem Ort durchgeführt werden;
- das Tempo der Vorgehensweise kann individuell angepaßt werden;
- die Kosten sind, im Vergleich zu einem Seminar von dieser Qualität, äußerst gering.

Das vorliegende Seminar beschäftigt sich mit der *Kunst der Kommunikation*. Jeder, der sich bereits mit Kommunikationstheorie befaßt und seine eigenen Kommunikationsfehler durchschaut hat, wird bestätigen, daß das Wort *Kunst* in diesem Zusammenhang nicht übertrieben ist.
Daß es z.B. für eine erfolgreiche Gesprächsführung auf das richtige Zuhören und Beobachten nonverbaler Signale ankommt, ist uns allen bekannt. Aber wie schwer fällt es, dieses Wissen bei entscheidenden Gesprächen um-

---

1 Vgl. auch: *Fragetechnik – schnell trainiert:* Das Trainingsprogramm für Ihre erfolgreiche Gesprächsführung (in der gleichen Reihe erschienen).

zusetzen. Die Reaktionen des Gesprächspartners sind (fast) nie vorhersehbar, Emotionen verhindern eine sachliche Atmosphäre und viele andere »Störungen« sind die Regel. Damit nun theoretisches Wissen in der Kommunikation souverän angewendet werden kann, hat die Autorin dieses Buchseminars Trainingsaufgaben (Übungen, Beispiele) entwickelt, die

- zum einen die individuellen Schwierigkeiten der subjektiven Wahrnehmungsfähigkeit aufzeigen
- und zum anderen einen Weg weisen, eben diese »Fehlerquellen« zu erkennen und zu überwinden.

Mit der Autorin Vera F. Birkenbihl finden Sie eine Fachfrau auf diesem Gebiet. Frau Birkenbihl beschäftigt sich schon seit vielen Jahren – in Büchern und Seminaren – mit dem Thema Kommunikation. Vielleicht weil sie in der zwischenmenschlichen Kommunikation ein theorie- und praxiserfahrener »Profi« ist, gelingt es ihr so entspannt und bildhaft mit dieser doch ziemlich komplizierten Materie umzugehen – zum Vorteil für die Seminaristen: Die Theorie wird leicht verstanden und der Praxisteil macht Spaß. Aber das Wichtigste für *Könner,* die sich in der Kunst der Kommunikation noch verbessern möchten, ist der Nutzen des Seminars und der anschließende Erfolg – und dafür bürgt der Name Vera F. Birkenbihl.

Der Verlag

Einleitung

Dieser Text hilft Ihnen, wichtige Einsichten in Ihre Kommunikationsgewohnheiten zu gewinnen und Möglichkeiten zu entdecken, in manchen Aspekten noch effizienter vorzugehen. Vieles »weiß« man natürlich, weil man »es gut macht«, wenn man sich gut fühlt! Trotzdem führen Ungeduld, Nervosität, Zeitdruck, Streß immer wieder dazu, daß auch *Könner* weniger gekonnt mit anderen Menschen umgehen. Daher ist es hilfreich, sich ab und zu bewußt mit dem eigenen Kommunikationsverhalten auseinanderzusetzen.

Dieser Kurs enthält ein absolutes Minimum an Theorie. Statt dessen führt Sie der Text in **Teil I** an die Übungen (Aufgaben, Spiele) heran, während zusätzliche, ergänzende Texte (die grundlegende Überlegungen enthalten) in **Teil II** dieses Kurses zu finden sind. Je nach Ihrer Interessenlage können Sie diese vorab lesen oder hinterher bzw. dann, wenn im Teil I auf den einen oder anderen dieser Texte hingewiesen wird. Damit können Sie selbst entscheiden, wieviel Theorie Sie diesem Weiterbildungsseminar »entnehmen« wollen.

Die Arbeit mit diesem Buch wird als Minimal-Nutzen ein wacheres Bewußtsein für den Umgang mit anderen schaffen. Trotzdem können Sie natürlich einen entscheidenden Schritt weitergehen; dieser Text bietet Ihnen die Chance, ein *Training* zu durchlaufen. Sie werden *einige* Übungen finden, die Sie allein durchführen können. Bitte beachten Sie insbesondere die sogenannten *Stabilisierungsaufgaben* (s. unten). Aber Sie finden auch Aufgaben (und Spiele!) für sich und andere. Sie wissen ja: Ganz ohne Sparring-Partner kann niemand lernen zu boxen – oder zuzuhören oder besser zu kommunizieren!

Was die eben erwähnte **Stabilisierung** angeht, so gilt: Diese Übungen sollen Ihre *vorhandenen* Fähigkeiten verstärken und dienen im weitesten Sinn auch Ihrer *Persönlichkeitsentwicklung*. Und da wir ja zeit unseres Lebens unterwegs zu einem besseren Selbst sind (oder sein sollten), ist das Wohnmobil das Symbol für diese »Reise«.
Stabilisierungsübungen sind keine Trainingsaufgaben im üblichen Sinne. Sie fallen in zwei Kategorien: Zum einen sind es Aufgaben, die man aktiv bewältigt (Kategorie TUN); zum anderen aber sind es Aufgaben, bei denen Sie (nach einer bewußten Vorbereitung) *nicht (mehr) bewußt etwas tun werden!* Diese Aufgaben dienen Ihrer Persönlichkeitsentwicklung. Sie gehören zur Kategorie WERDEN. Sie sollen eine Art Hintergrund bilden, um bestimmte Aspekte Ihres Trainings zu stabilisieren. Für diese Stabilisierungsvorschläge gilt das Motto:

Ich trainiere mich nicht nur aktiv, ich *lasse* mich auch trainieren – von meinem Unterbewußtsein!!

Aus der Seminar-Erfahrung weiß ich, daß *motivierte* Teilnehmer gerade von den Stabilisierungsübungen unglaublich profitieren, denn alle diese Aufgaben haben einen Langzeiteffekt! Das heißt, daß man mit wenigen Minuten Stabilisierungstraining pro Tag nach einigen Monaten plötzlich merkt, was dieses Training tatsächlich bewirkt! Da sagen einem Menschen, die einen schon lange kennen, daß man sie viel seltener unterbräche, daß man weniger aggressiv klänge, daß man mehr Interesse zeige, daß sich das Vokabular drastisch verändert habe ... Welches Lob Sie später erhalten werden, das hängt natürlich von Ihrer Zielsetzung ab, das heißt von den Stabilisierungsaufgaben, die Sie erstellen. Denn vorgestellt wird jeweils eine Idee, eine erste Anregung, die Sie nach eigenem Ermessen abwandeln und variieren können!

Was die Partner- und Gruppenaufgaben (Spiele) betrifft, so gilt: Sie brauchen minimal einen Spielpartner, aber manche Übungen sind nur in der Gruppe durchzuführen (z.B. *Charley Whoop, Telepathie*). Merke: Lesen ist viel besser als nichts zu tun, aber die guten Vorsätze, die man beim Lesen faßt, reichen meist nicht aus. Daher wäre es optimal, wenn Sie möglichst viele Übungen wirklich aktiv *durcharbeiten* könnten! Es ist mir klar, daß nicht jeder *Leser (jede Leserin)* gleich ein Trainingsteam »griffbereit« hat; aber genausowenig wie ein Team-Sportler *nur allein* (in Isolation) trainieren kann, so ist es hier auch. Kommunikation impliziert zwangsläufig Gesprächspartner (wenn Sie

nicht nur Selbstgespräche führen wollen), das liegt in der Natur der Sache.
Eine Übung (genauer: das Kommunikationsspiel *Charley Whoop*) erscheint den Teilnehmern, bevor sie es selbst ausprobiert haben, kinderleicht, so daß sie sich fragen, was diese Übung in einem Seminar für Könner zu suchen habe. Tatsächlich stimmt es, daß sogar Kinder dieses Spiel machen können! Nicht nur das; viele junge Leute sind sogar weit besser als die Erwachsenen – *und genau das* sollte doch (auch Könnern) zu denken geben, oder?

Lassen Sie mich daher feststellen:
Die Seminarerfahrung zeigt, daß die Teilnehmer am Anfang solch einer Übung *erstaunt* sind. Aber erstens merken sie schnell, daß das Spiel zunächst weit leichter wirkt als es dann tatsächlich ist, zweitens möchte ich zu bedenken geben:
Ist eine Übung für Sie tatsächlich leicht, dann haben Sie sie schnell absolviert und können sie »abhaken«, um zur nächsten überzugehen. Sollte jedoch Ihre Selbsteinschätzung in diesem Punkt »geschönt« gewesen sein, dann nehmen Sie etwaige Schwierigkeiten bei der Übung zum Anlaß, darüber zu reflektieren bzw. weiterzuüben. Ist das akzeptabel, insbesondere wenn Sie bedenken, daß manche Übungs-Anweisung sich zwar leicht »liest«, aber weniger leicht durchführen läßt? Wir wissen so manches, aber wir können dieses Wissen eben nicht immer auch aktiv in die

Praxis umsetzen. Dies gilt in besonderem Maße für unsere kommunikativen Fähigkeiten! *Jede Übung verfolgt einen Sinn und Zweck.* Warum sollte man nicht spielerisch vorgehen, wenn man auf diese Weise jeweils einen (oder mehrere) der wichtigsten Aspekte erfolgreicher Gesprächsführung trainieren kann? So hilft Ihnen z.B. das Telepathie-Spiel, *alle* für erfolgreiche und effiziente Kommunikation wesentlichen Aspekte gleichzeitig zu trainieren:

- wirklich *zuhören* (und sich das Gehörte auch merken),
- gut *beobachten* (und aus den Beobachtungen Schlüsse ziehen),
- alles Wahrgenommene in Gedanken verarbeiten und *Hypothesen bilden,* sowie
- durch *aktives* Eintreten in die Übung durch eigenes kommunikatives Verhalten eben diese Hypothese überprüfen!

Und das alles in einem *Spiel,* das mit einer Gruppe intelligenter Könner enorm viel Spaß machen kann!
Übrigens sind die Randspalten freigehalten, damit Sie viel Platz für eigene Notizen haben! Legen Sie also bitte einen Stift griffbereit, ehe Sie anfangen, ernsthaft zu arbeiten.

Wenn ich Sie ausdrücklich bitten möchte, etwas aufzuschreiben, dann begegnet Ihnen dieser Bleistift; was natürlich nicht bedeuten soll, daß Sie *nur dann* Notizen machen sollen.

Die Informationen (und Aufgaben), die hier angeboten werden, sind in fast zwanzig Jahren in meinen Seminaren entwickelt und getestet worden. Aber jede Idee kann (und soll!) in den Köpfen der aktiv mitarbeitenden Teilnehmer eigene Assoziationen auslösen. So lesen Sie z.B. ein Fallbeispiel und Ihnen wird klar, daß Sie letzte Woche mit einem Kunden (Kollegen, Mitarbeiter, Freund) ziemlich ähnlich verfahren sind.

Dieses Aha-Erlebnis ist wichtig und integraler Bestandteil späterer Erfolge – nach dem Motto: Auch und gerade aus Fehlern kann man hervorragend lernen! Also können Sie an den Rand mindestens ein Stichwort schreiben. Wenn Sie aber wirklich aktiv mitdenken wollen, dann könnten Sie mit mehreren Worten kurz notieren, an welcher Stelle und auf welche Art eine ähnliche, zukünftige Gesprächs-Situation weitergeführt werden sollte.

Oder: Sie lesen die Anweisung zu einer Aufgabe und stellen fest, daß Sie die Aufgabe abwandeln möchten! Warum denn nicht? Angenommen, ich schlage Ihnen vor, sich am Telefon kürzer zu fassen und Ihnen fällt ein, daß dies für Meetings und Konferenzen ja ebenso gilt. Würde ich alle Eventualitäten selbst auflisten, dann müßte jedes Weiterbildungsseminar in dieser Reihe wohl über 800 Seiten haben, und das Lesen wäre weit langweiliger. Denn gerade Ihre eigenen Assoziationen machen diesen Kurs zu Ihrem ganz persönlichen Erleben! Deshalb ist der Rand frei. Zwar müssen Sie nicht unbedingt schreiben; aber all jene Leser, die *(wie im Seminar auch)* notieren *wollen* (ca. 80% der Teilnehmer), *können* dies tun, wenn sie diesen Kurs ernsthaft durcharbeiten wollen!

Damit meine ich übrigens keinesfalls, daß Sie sich oder die Aufgaben »todernst« nehmen sollen! Im Gegenteil, je »verbissener« man gute Kommunikation erzwingen möchte, desto »erfolgreicher« verhindert man sie ... Wenn Sie nur halb soviel Spaß haben wie meine Seminar-Teilnehmer, dann machen Sie sich bitte auf ein intellektuell faszinierendes, stellenweise sogar recht lustiges Training gefaßt!

Vera F. Birkenbihl Odelzhausen

Teil I: Praxis
Aufgaben und Spiele

1. Das professionelle Zitat

Natürlich haben Sie die Klage schon häufig gehört oder gelesen: *Die meisten Menschen können nicht besonders gut zuhören.* Wer sich zu den Kommunikations-Könnern zählen will, der muß die Kunst des Zuhörens erlernen. Denn man kann keine gute Beziehung zum Gesprächspartner aufbauen, wenn man schon an der »Eingangstür« scheitert: Wenn ich Ihnen nicht zuhöre, werden Sie später ebenfalls nicht bereit sein, meinen Argumenten zu lauschen. Egal, ob ich Sie informieren möchte oder ob ich Sie für meine Argumente begeistern will. In weit stärkerem Maße gilt das für Situationen, in denen man verkaufen, verhandeln oder motivieren möchte! Deshalb beginnt dieser Trainingskurs für Könner mit einem Aspekt, den man als *die* Grundlage erfolgreicher Kommunikation überhaupt ansehen kann: dem Zitat. Da es ja ein Training für Fortgeschrittene ist, werden die Aufgaben auch keine »Kindergartenübungen« sein!
Bitte überlegen Sie einmal, was der Begriff *Zitat* für Sie bedeutet, indem Sie diese beiden Fragen beantworten:

1. Was sollte ein Zitat wiedergeben?
2. Ist ein hundertprozentiges Zitat möglich?

STOP

Bitte vergleichen Sie Ihre Antworten mit den folgenden:

1. Ein Zitat muß die Worte des Sprechers (bzw. Schreibers) exakt wiedergeben.
2. Ja, wenn jedes Wort richtig wiederholt wurde.

So denken die meisten Teilnehmer. Bezogen auf ein Zitat im Alltag reichen die Antworten wohl auch aus. Aber wenn wir einen Schritt weitergehen, dann wird uns klar, daß bei gesprochenen Botschaften doch weit mehr »gesendet« wird als nur Worte. Da ist z.B. der Ton, der »die Musik macht«, wichtig. Eine ironische Bemerkung »meint« oft das genaue Gegenteil der gesprochenen Worte! Desweiteren sind oft die Mimik, die Haltung, die Gestik etc. von »tragender Bedeutung«!

Angenommen, Herr Braun ist privat bei seinem Chef eingeladen und fühlt sich gezwungen, noch ein Stück Kuchen zu akzeptieren, obwohl er ihm nicht besonders schmeckt. Dann kann jeder Beobachter dieser Szene feststellen, daß Herr Braun der Frau seines Chefs ein Kompliment macht, während er einen weiteren Bissen des Kuchens nimmt, aber nur ein *guter* Beobachter sieht, daß Herr Braun »mit langen Zähnen« ißt.

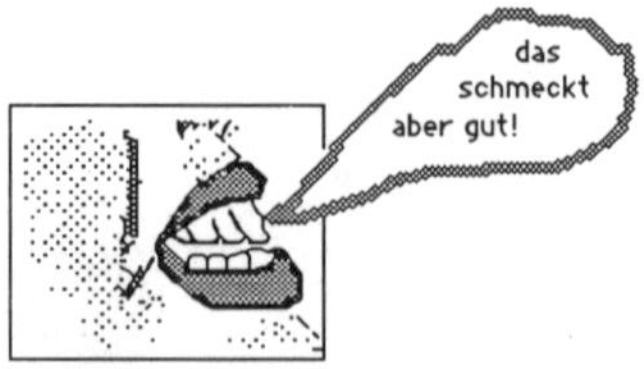

Wollten wir nun lediglich den Wortlaut zitieren, ginge ein wichtiger

Aspekt der Nachricht verloren. Deshalb meine ich, daß es sich lohnt, in *Trainingssituationen* mehr als nur die Worte zu zitieren (wie die Übungen unten zeigen werden).

Die Antwort auf die zweite Frage: *Ist ein hundertprozentiges Zitat möglich?* könnte man ebenfalls differenzierter sehen. Es besteht ein wesentlicher Unterschied zwischen der *Bedeutung,* die ein Wort für diesen Sender hat, und der, die ein Empfänger diesem Begriff geben mag! Ein Beispiel: Angenommen, Ihr Chef hat gerade einen Brief des Kunden Bauer aus Heidelberg »vor Augen«, während Sie vor wenigen Minuten mit dem Kunden Bauer aus Ulm telefoniert haben. Die Worte *»in der Sache Bauer«* bedeuten jetzt für jeden Beteiligten etwas anderes.

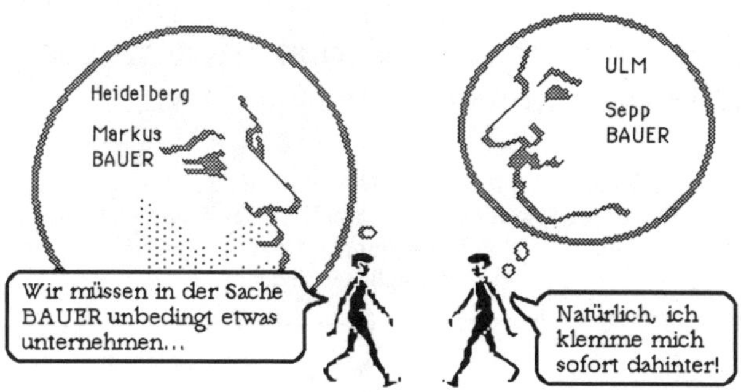

Dies sollten Sie sich vor allem dann deutlich machen, wenn Sie bisher glaubten, durch exakte Zitate Mißverständnisse (bei Mitteilungen an Dritte) vermeiden zu können! Denn jetzt kommt ja noch (mindestens) eine weitere Person ins Spiel: der Hörer (oder Leser) des Zitats! Und nun erweitern wir das Beispiel: Angenommen, der Chef hätte gesagt: *Bitte sorgen Sie dafür, daß Frau Mertens in der Sache Bauer sofort etwas unternimmt!* Dann könnte es sein, daß Sie Frau Mertens gegenüber die Worte des Chefs wortwörtlich zitieren: »Übrigens, Frau Mertens, der Chef hat vorhin zu mir gesagt: ›*Bitte sorgen Sie dafür, daß Frau Mertens in der Sache Bauer sofort etwas unternimmt!*‹. Kann ich mich auf Sie verlassen?« Nun kommt es darauf an, an welchen Herrn Bauer diese Frau Mertens denkt: den Kunden aus Heidelberg, den aus Ulm oder einen dritten, der momentan weder Ihrem Chef noch Ihnen selbst »in den Sinn gekommen« wäre?!

Wir kommen auf diesen Aspekt im nächsten Abschnitt zurück, denn er wird vor allem dann wichtig, wenn man versucht, eine Botschaft mit *eigenen* Worten wiederzugeben! Halten wir momentan lediglich fest:

Selbst ein hundertprozentiges Wiederholen aller Aspekte einer Botschaft garantiert keinesfalls, daß im Kopf des Zitierenden hundertprozentig dieselben Vorstellungen existieren, wie im Kopf des ursprünglichen Senders!

Wenn wir besonders gut kommunizieren wollen, müssen wir also mehr als nur die Wörter »hören«, denn:

Erstens enthält der körpersprachliche Teil der Botschaft oft Zusatz-Signale, ohne die die

Worte falsch[1] verstanden werden können, wie bei ironischen (sarkastischen) Bemerkungen.

Zweitens können körpersprachliche Signale wichtige Anzeichen einer *Entwicklung* sein, die sich im Inneren unseres Gegenübers abspielen: Wer eine fragend hochgezogene Augenbraue *rechtzeitig* wahrnimmt, kann dem anderen sofort Gelegenheit zu Rückfragen (bzw. der Äußerung von Zweifeln) geben! Und wer die verbissene Miene seines Partners bemerkt, kann etwas unternehmen, ehe der andere so »richtig sauer« geworden ist. Wenn der Partner nämlich erst einmal seine Stimme erhebt, merkt auch der Nicht-Könner, daß der andere wütend ist.

Drittens bedeutet gute Kommunikation doch auch, daß man sich in einen anderen »hineinversetzen« kann; daß man also auch emotional ähnlich empfinden kann wie er. Also kann das bewußte Registrieren der Körpersprache uns wichtige Hinweise geben.

Viertens ist den meisten Menschen nicht (bewußt) klar, wie sehr Ihre eigene Körpersprache bei Mitmenschen Gefühle auslöst, also im wahrsten Sinne des Wortes *wirkt*! Manche Leute laufen mit einer so griesgrämigen Miene herum, daß andere sie (unbewußt) zu meiden beginnen, weil sie nicht so negativ angemutet werden wollen! Und umgekehrt: Manche Menschen strahlen etwas dermaßen »Positives« aus, daß man sich ausgesprochen gerne in ihrer Nähe aufhält! Wenn nun der Gries-

[1] Im Sinne des *Senders*, denn der Empfänger versteht ja immer seiner eigenen Interpretation gemäß.

grämige einmal bewußt die Mimik des positiv Ausstrahlenden »ausprobieren« würde, oder umgekehrt – dann würden beide Personen Aspekte entdecken, die ihnen helfen würden, den jeweils anderen besser zu »verstehen«.

Wenden wir uns jetzt den praktischen Übungen zu. Die erste Aufgabe testet (bzw. trainiert) Ihre Fähigkeit, »nur« die Wörter richtig zu hören, während die folgenden Aufgaben auch körpersprachliche Aspekte miteinbeziehen werden.

Aufgabe Nr. 1: Das Verbal-Zitat

Der Begriff *verbal* heißt lediglich *wörtlich*. Diese Aufgabe dient zunächst als Inventurübung, so daß Sie feststellen können, wie gut Sie die Fähigkeit des exakten Zitierens bereits beherrschen. Sollten Sie mit dem Resultat nicht zufrieden sein, können Sie im Sinne dieser Aufgabe weitertrainieren.
In Seminaren werden solche Übungen meist zu zweit durchgeführt; aber dieses Vorgehen bringt zwei Nachteile mit sich: Erstens fällt dem, der gerade Sender sein soll, oft nichts »Gescheites« ein, und zweitens weiß so mancher Sender hinterher auch nicht mehr ganz genau, was er nun wirklich gesagt hat, wodurch die Erfolgskontrolle machmal erschwert wird. Deshalb habe ich diese Aufgabe als Übung für eine Person konzipiert, wobei die »Botschaft« einer Radio- oder Fernsehsendung entnommen wird, die man *vorher* auf Audio- oder Videoband mitgeschnitten hat. Nun sind beide Probleme gelöst: Erstens

sind die Botschaften eindeutig festgelegt, und Sie können üben, wann Sie wollen; zweitens ist die Erfolgskontrolle ebenfalls eindeutig!

Vorbereitung: Schneiden Sie eine Sendung mit, in der längere Aussagen auftauchen, z.B. eine Diskussionsrunde.[2] Hören Sie bitte beim Mitschneiden möglichst noch nicht zu[3], damit die Botschaften später beim Üben (Training) neu für Sie sind! Falls Sie solche Sendungen bereits auf Band haben, dann wählen Sie bitte eine aus, die Sie vor langer Zeit einmal hörten/sahen, damit Ihnen die Inhalte wenigstens relativ »neu« sein werden.

Durchführung: Beginnen Sie mit der Aufzeichnung zu arbeiten: Sehen (hören) Sie zu, bis die erste längere Aussage auftaucht (z.B. nach der Vorstellung der einzelnen Diskussions-Teilnehmer). Nun stoppen Sie das Band und versuchen, diese Aussage zu zitieren (am besten schriftlich). Anschließend überprüfen Sie Ihre Wiedergabe und lassen das Band weiterlaufen, bis die nächste Aussage folgt, die sich wieder zum Zitieren eignet. Wichtig: Sie selbst bestimmen den Schwierigkeitsgrad der Übung, indem Sie entscheiden, wie lang die Botschaft sein darf, die Sie zitieren wollen. Das kann eine Aussage von zehn Wörtern sein oder eine weitaus längere! Sie können auch mit kürzeren Botschaften beginnen und erst später zu längeren übergehen.

---

[2] Möglichkeiten: Radiosendung auf Audio-Kassette, TV auf Video bzw. auf Audio-Kassette (Sie wollen ja den Ton, also brauchen Sie kein Video-Gerät).

[3] Z.B. wenn Sie während des Mitschnittes einer Fernseh-Diskussion *ohne* Ton *zusehen*, um einen Eindruck von den Personen zu erhalten.

Aufgabe Nr. 2: Das non-verbale Zitat

Um ein Gefühl für körpersprachliche Signale zu entwickeln, hat sich die folgende Übung ausgezeichnet bewährt: Ahmen Sie einfach die nonverbalen Signale anderer Menschen nach. Dabei gibt es zahlreiche Variationen. Hier sollen nur einige erwähnt werden, um den Einstieg zu erleichtern.

Wenn Sie allein sind: Ahmen Sie doch einfach die Körpersprache von Personen im *Fernsehen* nach! Achten Sie genauso auf die Haltung wie auf den Gesichtsausdruck!

Wenn Sie einen Partner haben: Ahmen Sie sich abwechselnd gegenseitig nach.

Wenn Sie mit einer Gruppe üben: Einer ahmt ein Gruppenmitglied nach, und die anderen raten, wer gemeint ist. Oder: Alle ahmen ein bestimmtes Mitglied nach.

Bitte beachten Sie einen Zusatz-Nutzen, den diese Übungen haben: Während Sie sozusagen »offiziell« das gute Beobachten trainieren, können Sie etwas Wesentliches über sich selbst lernen: Welche Art von Körpersprache fällt Ihnen am leichtesten (ist Ihnen also sehr vertraut!) und welche fällt schwer? Ein aggressiver Typ hat zunächst Probleme, einen ruhigen Partner nachzuahmen, und umgekehrt. Es hat so mancher Seminarteilnehmer festgestellt, daß sein Selbstbild in Frage gestellt wurde, als er über diesen Aspekt ernsthaft nachdachte.

Aufgabe Nr. 3: Das Spiegelbild

Diese Übung benötigt einen Partner: Ein Spieler ist die Person, während die andere den »Spiegel« darstellt. Dabei sollte man eingangs die Handflächen aneinanderlegen: Nun »führt« die Person ihr »Spiegelbild«, indem sie die Arme bewegt:

Bei dieser Übung kann man feststellen, ob man sich in der Rolle des Führers oder des »Spiegels« wohler fühlt! Wenn man beide Rollen gut beherrscht, geht man zu einer anderen Variante über, die ohne direkten Körperkontakt abläuft:

Ging es bei der Kontaktübung mehr darum, wie gut man auf gefühlte Signale reagieren kann (dem Führen/Geführtwerden beim Tanzen ähnlich), so muß man diesmal haarscharf beobachten und diese Beobachtung so schnell wie möglich in die »Tat« umsetzen. Sie sehen, daß diese Variante ganz andere Aspekte trainiert!

Aufgabe Nr. 4: Das »totale« Zitat

Nach den vorangegangenen Aufgaben setzen wir dem Ganzen die »Krone« auf, indem wir eine Botschaft »total« zu zitieren versuchen; also die Botschaft selbst (die Worte) *und* die Art, in der sie gesendet wurde. Hier wird dann auch der Tonfall wichtig, so daß diese letzte Aufgabe insbesondere für Menschen wichtig ist, die viel telefonieren! Wieder können Sie sowohl das Fernsehen als »Vorbild« nehmen, als auch einen Spielpartner!
Bitte beachten Sie:

Variante 1: Anfangs sollten Sie eher Personen »total zitieren«, die Ihnen in der Art, wie sie sich ausdrücken, ähnlich sind. Das haben Sie relativ schnell »im Griff«.

Variante 2: Später sollten Sie jedoch bevorzugt Personen imitieren, die »anders gelagert« sind als Sie selbst. Dabei gibt es zwei Möglichkeiten:

- Menschen, deren *Tonfall* und *Körpersprache* Ihnen nicht »liegen«.
- Menschen, deren *Aussagen* Sie (inhaltlich) ablehnen!

Dabei trainieren Sie enorm wichtige Aspekte für die Kommunikation! Einerseits lernen Sie Menschen, deren Art sich auszudrücken von der Ihren abweicht, besser verstehen. Andererseits lernen Sie, wie schwer es Ihnen fällt, eine Ihnen nicht genehme Aussage im selben »Brustton der Überzeugung« zu *zitieren* (d.h. sie genau so zu »bringen« wie Ihr Vorbild).

Diese Übungen schärfen nicht nur Ihre Wahrnehmung, Sie werden auch ein weit besseres »Gefühl« für Menschen, die »anders« sind, entwickeln. Und eben jene Menschen sind es ja, mit denen wir im Alltag weniger erfolgreich kommunizieren!
Nun möchte ich Ihnen noch eine Übungsvariante vorstellen: ein Kommunikationsspiel, und zwar der (in der Einleitung erwähnte) »kinderleichte« **Charley Whoop!** Es ist eigentlich ein typisches Bar-Spiel (nach dem Motto: Wer's zuletzt kann, zahlt die Runde.) Im Seminar setze ich es ein, um einige wesentliche Erkenntnisse über Kommunikation deutlich zu machen. Das heißt, aus dem Spiel werden anschließend die Charley-Whoop-Effekte (s. unten) abgeleitet, die ich 1973 entwickelt habe. Das Spiel trainiert in ähnlicher Weise wie die vorangestellten Übungen, hat aber folgende Vorteile:

1. Man kann mit Leuten üben, die gar nicht bewußt wahrnehmen, daß ihre Fähigkeit zuzuhören (und zu beobachten) trainiert wird!

2. Ein Spiel hat ein klar definiertes Ziel, während Übungen solange durchgeführt werden sollten, bis man sie beherrscht. Manche Menschen ziehen die klare Zielsetzung eines Spieles vor.

Die Spielidee ist einfach: Ein »Sender« sendet eine Botschaft. Dabei trainiert die Gruppe das bewußte (aktive) Zuhören/Beobachten. Wer meint, er habe alles gehört und beobachtet, *testet* seine Meinung nun, indem er die Botschaft *zitiert* (und zwar im Sinne des oben beschriebenen »totalen« Zitats). Bei manchen Spielvarianten ist sofort ersichtlich, ob der Mitspieler tatsächlich alles richtig nachgemacht hat (z.B. *drei Chips,* s. unten). Bei manchen ist dies jedoch nicht der Fall. Hier gibt der Sender Rückkoppelung. Bei einer einfachen Übung (z.B. *Scherenspiel,* s. unten) reicht schon ein »ok« bzw. ein »nein, so nicht« (o.ä.). Aber es gibt auch kompliziertere Varianten, bei denen der Sender dem Mitspieler in Prozenten mitteilt, wie groß der *korrekte* Anteil seines »Zitats« ist; also z.B. 100%, wenn alles stimmt, bzw. 90% oder 80%, etc. Wichtig: Der Sender erklärt keinesfalls, welcher Aspekt der Botschaft fehlt! Das ist es ja, was die anderen Mitspieler beim Weiterspielen selbst entdecken sollen. Und genau hierin liegt der außerordentlich hohe *Trainingswert* des Spiels.

Im Seminar spiele ich immer die Botschaft vom Charley Whoop, der auf den Fingern »herumhüpft«.[4] Bald können die meisten Mitspieler 90% der Botschaft korrekt wiederholen, aber genau die fehlenden 10% sind der Grund, weswegen das Spiel weitergespielt wird. Im Seminar breche ich das Spiel meist vorzeitig ab (wenn die ersten drei »es« können!) und löse die Aufgabe verbal auf, da ich ja anschließend die Charley-Whoop-Effekte ableiten will. Danach können dann weitere Charley-Whoop-Varianten eingesetzt werden, wobei die Regel gilt: Je mehr Charley-Whoop-Spiele eine Gruppe erlebt hat, desto besser wird sie.[5] Man sieht sofort, wie der

[4] Details dieses Grundspieles können, weil es sich um eine komplizierte, optische Vorgehensweise handelt, nicht schriftlich dargestellt werden.

[5] Wobei alle nachfolgenden Übungen denselben Trainingseffekt erzielen!

Aha-Effekt der *einen* Variante als Hilfestellung bei der *nächsten* Aufgabe dient! Eben dieses Erfolgserlebnis ist der Grund, warum »Charley-Whoop-Trainierte« weit besser zuhören und beobachten können als normale Menschen. Und genau das wollen wir ja erreichen: Jede Übung soll einen direkten Nutzen für die tägliche Praxis abwerfen, wenn sich die Zeit und Energie, die Sie investieren, lohnen sollen.

Zuerst möchte ich Ihnen ein kleines Charley-Whoop-Spiel vorstellen, das Sie vielleicht schon kennen, oder das zumindest sehr gut vorstellbar ist, damit Sie die darauffolgenden Gedanken ähnlich gut nachvollziehen können wie Seminarteilnehmer nach dem ersten Spiel auch.

Charley-Whoop-Variante Nr. 1:
Das Scherenspiel

Die Gruppe sitzt (ohne Tisch) im Kreis; der erste übergibt dem nächsten eine Schere, wobei er jeweils ein Wort sagt, und zwar entweder »offen« oder »geschlossen«. Dabei gibt er die Schere in geöffnetem bzw. geschlossenem Zustand weiter. Allerdings paßt der Zustand der Schere nicht immer zu dem gesprochenen Wort; so kann man z.B. »offen« sagen, die Schere aber geschlossen weitergeben, oder umgekehrt. Es dauert eine Weile, bis die ersten Mitspieler begreifen, daß sich die Worte »offen« und »geschlossen« überhaupt nicht auf die Schere selbst beziehen, sondern auf die *Füße* der Mitspieler!

Sie merken schon, es gibt viele Varianten dieses Spiels. Was sind die wichtigsten Lerneffekte solcher (und ähnlicher) Spiele? Diese zu erkennen ist immens wichtig, damit Sie später beim Spielen immer wieder auf diese Effekte hin beobachten bzw. zuhören. Damit wird *jede Spielrunde* in der Zukunft ein echtes Training für Sie.

Charley Whoop für Könner!

Wer regelmäßig Charley - Whoop - Spiele durchführt, nimmt auch im Alltag bald weit differenzierter wahr. Aber das Faszinierende ist dies: Als »Sender« (Spielleiter) lernen Sie am meisten! Wenn Sie immer wieder Ihren Mitspielern zuhören und diese genau beobachten, trainieren Sie nicht nur ebenfalls das Zuhören und das Beobachten, sondern Sie entwickeln auch enorm feine Antennen für die Nuancen von »Mißverständnissen«, die sich (im Alltag immer wieder) ergeben können.

Übrigens möchte ich an dieser Stelle erwähnen, wie die Idee, Charley Whoop ins Seminar zu bringen, ausgelöst wurde: Ich trainierte eine Gruppe von US-Schauspielern (Rhetorik, 1971). In einer Seminarpause zeigten sie mir eine solche Übung mit dem Hinweis, daß sie *mittels solchen Trainings lernten,* sich in eine Person *hineinzuversetzen,* die sie anschließend imitieren würden! Natürlich fragte ich mich, warum nur Schauspieler in den Genuß dieses Vorteils kommen sollten. Allerdings stellte ich dann später fest, daß es immer einige meiner »normalen« Teilnehmer gab, die gerne gewußt hätten, warum gerade sie als Manager oder Berater (die sich doch für gute Zuhörer und Beobachter gehalten hatten) solche Fehler machten. Dies war der Grund, später die Charley-Whoop-Effekte zu entwickeln. (Siehe auch Teil II die Abschnitte »Die Charley-Whoop-Effekte« und »Wie klar ist ›glasklar‹?«)

Wenn Sie demnächst Charley Whoop spielen wollen, sind zunächst Sie der (die) Spielleiter(in). Bitte beachten Sie folgenden Tip, wenn Sie das Meistmögliche an Trainingsnutzen erreichen wollen:

Weisen Sie immer *vorher* darauf hin, daß niemand, der »es« bereits kann, *darüber* sprechen darf, d.h. *mit Worten* sagen, worum es in diesem spezifischen Charley-Whoop-Spiel geht. Nur so haben *alle* Mitspieler die gleiche faire Chance, selbst »draufzukommen«.
Beispiel: Angenommen, Sie spielen das *Scherenspiel* und bis jetzt wissen zwei von zehn Spielern, worauf sich das Wort »offen« (bzw. »geschlossen«) bezieht, dann wird es doch erst so richtig *spannend.* Die anderen Spieler haben bereits gemerkt, *daß* man daraufkommen kann, aber sie selbst haben noch nicht wahrgenommen, welcher Aspekt dieses Spiel steuert. Wenn jetzt jemand sagte: »Ah, es ist die Fußstellung!«, dann wäre das Spiel *am spannendsten Punkt zerstört* worden, und die anderen hätten keine Chance mehr herauszufinden, ob sie selbst »es« wahrgenommen hätten. Wenn wir auch ein sogenanntes »Party-

spiel« als Kommunikationstraining einsetzen, sollten die Spielregeln doch ein wenig strenger sein dürfen als für eine Gruppe, die nur die Zeit totschlagen möchte. Meinen Sie nicht auch?

Das folgende Charley-Whoop-Spiel wird von der Autorin (Carola ALGERNON[6]) als ein *Trick,* mit dem man eine Wette gewinnen kann, präsentiert. Natürlich können Sie diesen Trick auch »einfach so« als Charley-Whoop-Spiel einsetzen, gemäß dem Motto: *Wer zuletzt »draufkommt«, zahlt für alle.* Oder: *Wer's zuerst kann, ist Sieger.*

Charley-Whoop-Variante Nr. 2:
Die drei Chips

Material: Sie benötigen drei Plastikscheibchen oder Münzen ...

Vorgehen: Sie beginnen, wenn die drei Chips auf dem Tisch liegen ...

... indem Sie sich direkt an einen Mitspieler bzw. die Gruppe wenden: »Wetten, daß Sie mir das nicht auf Anhieb nachmachen können?« Anschließend beginnen Sie sofort mit dem Trick, wobei Sie schnell und laut sprechen.

[6] Aus: *Vier Tricks, mit denen Sie (fast) jede Wette gewinnen.*

Sie sagen: »eins, zwei, drei«
Sie tun: je einen Chip aufnehmen

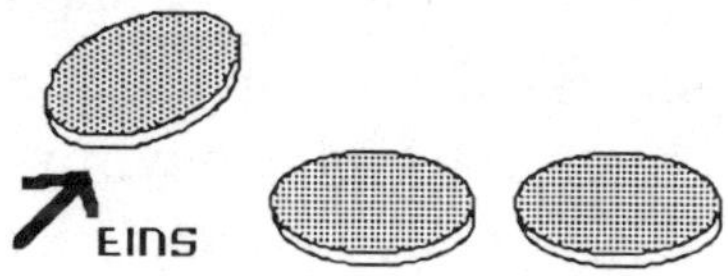

Sie sagen: »vier, fünf, sechs«
Sie tun: je einen Chip hinlegen

Sie sagen: »sieben, acht«
Sie tun: je einen Chip aufnehmen, so daß der letzte Chip auf dem Tisch liegenbleibt:

Sie sagen: »neun, zehn!«
Sie tun: je einen Chip hinlegen, so daß jetzt wieder alle drei Chips auf dem Tisch liegen:

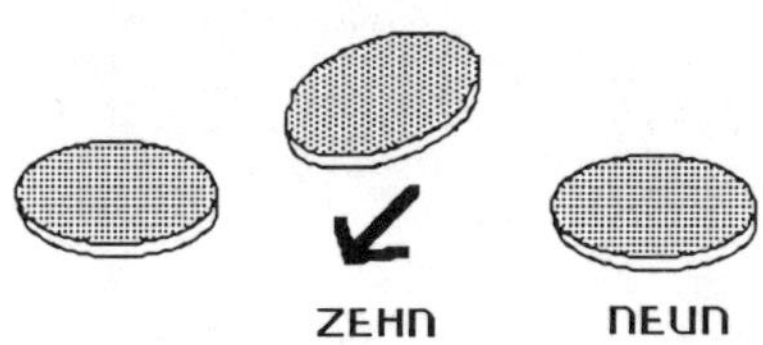

Endposition:

Alle drei Chips liegen *wieder* auf dem Tisch! Das Schlüsselwort ist *wieder,* denn Sie begin-

nen mit dem *Aufnehmen!!* Danach folgt der springende Punkt dieses Tricks: Sie überreichen dem (ersten) »Opfer« die drei Chips, indem Sie ihm diese *fest in die Hand drücken.* In 99 von 100 Fällen beginnt der andere jetzt, bei EINS, ZWEI, DREI jeweils einen Chip *auf den Tisch zu legen.* Damit aber hat er die Wette bereits verloren! Denn bei EINS, ZWEI, DREI müssen die Chips *aufgenommen* (nicht aber hingelegt) werden.
(Ende Zitat ALGERNON)

2. Die professionelle Paraphrase

Natürlich kennen Sie den Unterschied zwischen einem *Zitat* und einer sogenannten *Paraphrase!* Ihnen ist klar, daß das Charley-Whoop-Spiel eine ausgezeichnete Übung im richtigen Zitieren darstellt, während wir bei der Paraphrase (mit eigenen Worten) *frei* formulieren, um die Botschaft *in etwa* wiederzugeben. Aber das ist nur die Grundlage. In den Seminaren stelle ich immer wieder fest, daß die Kunst der Paraphrase (z.B. für gute Rückkoppelung notwendig) doch in der Regel (auch bei Könnern!) zu einem weit höheren Niveau hin-trainiert werden kann! Daher lohnen sich die folgenden Übungen sicher auch für Sie, selbst wenn Sie bereits sehr gut kommunizieren (und paraphrasieren) können.
Nehmen wir einmal an, Sie wollen eine Nachricht rückkoppeln (auf neudeutsch: Sie wollen einen effizienten *Feedback* geben). Bitte überlegen Sie, welche Spielregeln gekonnter Paraphrase Ihnen bereits vertraut sind, und welche Sie in Ihrer täglichen Praxis auch – regelmäßig – aktiv einsetzen?

Optimal: Denken Sie wirklich ein wenig nach und notieren Sie (am Rand) einige dieser Regeln, *ehe* Sie weiterlesen!

Vier Aspekte, die ich für besonders wichtig halte, eben weil sie im täglichen Miteinander so häufig übersehen werden, finden Sie nachfolgend.

Bitte beachten Sie bei diesen Gedanken vor allem, welche Aspekte Ihnen neu sind bzw. in Ihrer täglichen Kommunikation vielleicht doch (noch) zu kurz kommen. Damit haben Sie gute Kriterien für die *Auswahl derjenigen Übungen* (unten), die *für Sie* selbst besonders hilfreich sein werden (wobei Sie natürlich andere Übungen für Mitspieler auswählen können, die noch nicht so weit sind wie Sie).

Die vier Aspekte einer Botschaft

1. Verbale Droodles[1]

Ist Ihre Botschaft vollständig, und zwar für *diesen spezifischen Empfänger?* Einem zehnjährigen Kind muß man manches ausführlicher erklären als einem Erwachsenen. Andererseits wird ein zehnjähriges »Computer-Kid« Ihnen gegenüber genauso unverständliche verbale Droodles benützen, wenn dieser junge Mensch mit Ihnen über sein Hobby spricht, und Sie selbst kein Experte sind!

Also achten wir bei den Paraphrasierübungen auf Vollständigkeit, wobei der ursprüngliche Sender feststellen wird, inwieweit er seine Botschaft als vollständig wiedergegeben empfindet.

[1] Dem Spezialbegriff *verbales Droodle* begegnen Sie in Teil II im Abschnitt: *Wie klar ist »glasklar«?*

Vergleichen Sie bitte die Charley-Whoop-Spiele, die ja auch gerade den Aspekt der Vollständigkeit trainieren. Dann sagt der, dessen Botschaft paraphrasiert wird, etwa: »Ja, zu 90% war es das, was ich sagte.« Oder: »Das ist ja nur ca. die Hälfte von dem, was ich wollte!« Oder: »Jawoll, 100%!« Auf diese Weise kann der Übende noch einmal nachdenken, was nicht möglich wäre, *wenn der andere ihn gleich korrigiert hätte* (wie wir es im Alltag so gerne tun). Zum Beispiel mit einem: »Ich habe nicht gesagt, er *soll* gehen; ich sagte, er sollte mit dem Wagen fahren, und zwar jetzt sofort!« Diese Art von »Korrektur« hilft uns wenig, wenn wir trainieren. (Sie hilft auch im Alltag nicht viel, aber das wissen diejenigen nicht, die wenig trainieren!) Denn oft *weiß* der Übende eigentlich, was fehlt. Er war nur nicht sicher, *ob* dieser Aspekt in den Augen des anderen so »furchtbar wichtig« war.

2. Was ist für den Sender der Botschaft besonders wichtig?

Wie wir eben sahen, kann es unterschiedliche Auffassungen darüber geben, welcher Aspekt einer Botschaft ganz besonders wichtig ist. Angenommen, der paraphrasierende Paul sagt (wie im letzten Beispiel) tatsächlich nur, daß Hans nachher zu Roswitha »gehen« solle; meint aber damit »eilig fahren« und hält dieses Detail für so *selbstverständlich,* daß er es in der Paraphrase *nicht* ausspricht. Solche Unterlassungssünden werden später, falls es (in der täglichen Praxis) hierüber zum Disput kommt, gerne mit Bemerkungen wie den folgenden gerechtfertigt: »Aber das ist doch klar!«, »Aber das weiß man doch!«, »Das weiß doch jeder!« oder: »Ist doch logo!« (jugendliche Variante) u.ä.

Dies ist nur ein kleines Beispiel, welches stellvertretend für andere stehen soll. Was *wir* wichtig finden, hat immer mit *Annahmen* zu tun, von denen wir (oft unbewußt) ausgehen. Paul hat z.B. *angenommen,* daß Auto und Geschwindigkeit in der vorhandenen Situation dermaßen selbstverständlich wären, daß sie schon bei der ursprünglichen Botschaft gar nicht extra hätten erwähnt werden müssen. Also läßt er diese beiden Aspekte in der Paraphrase weg. Natürlich kennt sein Partner diese Annahme nicht! Also kann der Partner doch annehmen, Paul habe die beiden Informationen überhaupt nicht wahrgenommen. Woher soll er denn wissen, daß Paul sie für »total selbstverständlich« hält, und daher auch für »nicht der Rede wert« im wahrsten Sinne des Wortes.

Also achten wir bei den Paraphrasierübungen darauf, daß wir diejenigen Begriffe bewußt »bringen«, die der Sender der Botschaft wahrscheinlich wichtig fand, statt unser eigenes Wertsystem über die Botschaft zu »stülpen«. Es wird uns nicht immer gelingen, aber ein Training mit dieser Zielsetzung bringt enorm viel. Wir lernen nämlich z.B. auf den Tonfall und andere körpersprachliche Signale zu achten, um herauszufinden, was der andere »furchtbar wichtig« findet. Solche Aussagen kommen mit mehr Nachdruck; oder sie werden etwas lauter (bestimmter) gesprochen. Sie können auch mit einer Geste »unterstrichen« werden, etc. Wenn Teil unseres Übungsziels ist, auf solche Signale achten zu lernen, werden Sie selbst bald feststellen, welche nonverbalen Hinweise dieser Gesprächspartner bevorzugt. (Je mehr Charley-Whoop-Spiele Sie machen, desto sensibler werden Sie automatisch für körpersprachliche Hinweise![1]) Ein interessanter Nebeneffekt kann sein, daß andere bei solchen Übungen erst erfahren, *wie* sie (unbewußt oder bewußt) Wichtigkeiten unterstreichen. Viele Leute haben nämlich keine Ahnung, welche diesbezüglichen Signale sie aussenden.

3. Wie hast du's denn nun wirklich gemeint?

Sie alle wissen, daß ironische oder sarkastische Aussagen eigentlich nicht das »meinen«, was sie sagen. Ein Beispiel ist der berühmt-berüchtigte Ehemann[2], der seine Frau an das Steuer läßt und sie dann mit seinen kleinen Bemerkungen so nervös macht, daß sie beim Schalten einen Fehler macht. Das Getriebe kracht und der immer höfliche, zuvorkommende Ehemann sagt nun: *Du mußt die Kupplung immer so abrupt sausen lassen; das ist enorm gut für's Getriebe, meine Liebe!* Tja ...

Aber viele unserer Sätze, die weder ironisch noch sarkastisch sein sollen, tragen trotzdem eine Zusatz-Bedeutung. Dies können indirekte Nachrichten (Angriffe, Rechtfertigungen, Wünsche) sein. Komischerweise sind wir manchmal erstaunt (enttäuscht), wenn der

[1] Wenn Sie dieser Aspekt besonders interessiert, vergleichen Sie bitte auch mein mvg-Paperback: *Signale des Körpers und was sie aussagen* (welches über 50 Übungen enthält, von denen viele beim Fernsehen absolviert werden können).

[2] nach WATZLAWICK (et al): *Menschliche Kommunikation.*

andere die indirekte Botschaft nicht begreift, während wir zu anderen Zeitpunkten *selbst* nicht wissen, daß wir – unbewußt – eine indirekte Botschaft mitgesendet haben.

Also können wir bei den Paraphraseübungen darauf achten, nicht nur wiederzugeben, was der andere tatsächlich gesagt hat, sondern auch zu erraten, was er mit seinen Worten gemeint haben könnte.
Denn es gibt aus der Sicht des Empfängers (der ja jetzt paraphrasiert) immer zwei Möglichkeiten: *Entweder* wir glauben sowieso zu wissen, wie der Sender es »in Wirklichkeit« gemeint hatte! (Aber wir könnten uns doch irren?) *Oder* aber wir hätten überhaupt gar keine indirekte Nachricht wahrgenommen, wenn wir uns nicht extra bewußt darum *bemüht* hätten. Also schärft dieser Aspekt der Übung wieder einmal unsere Fähigkeit, mehr (als früher) wahrzunehmen!
Außerdem kann gerade dieser Aspekt uns helfen, aggressive Botschaften zu entschärfen bzw. »umzuformen«, wenn wir z.B. mit einem milden Tonfall auf ein aggressives Gebrüll reagieren: »Du meinst also, es sei falsch gewesen, dies-und-das so-und-so zu machen ...?« Oder: »Ich begreife, daß du zornig bist, aber ich verstehe noch nicht, was genau diesen Zorn bei dir ausgelöst hat ...?«
Diese Hilfestellungen gelten natürlich für das »richtige Leben«, nicht für die Übungen. Aber je besser Sie paraphrasieren können, desto nuancenreicher wird Ihr Repertoire an Paraphrasemöglichkeiten sein (oder bald werden).

4. Ja schon, aber was wolltest du denn eigentlich ...?

Jetzt gehen wir noch einen Schritt über die indirekte Botschaft hinaus. Manchmal sagt Franz etwas zu *Maria,* um *Peter* etwas mitzuteilen. Wenn wir nur unter den bisher besprochenen Aspekten paraphrasieren würden, dann bliebe dieser Aspekt unberührt, denn es handelt sich hierbei ja nicht um eine indirekte Nachricht *an Maria!*

☞ Also achten wir bei den Paraphraseübungen auch darauf, ob wir meinen, der Sprecher habe ein weiteres Ziel verfolgt. Wir sagen dann z.B.: »Kann es sein, daß du Maria jetzt von dem neuen Wagen erzählt hast, damit Peter weiß, daß er keine Chance mehr hat, seinen alten zu verkaufen?« oder ähnlich.

Es folgen die Übungen selbst. Bitte beachten Sie:

1. Falls Ihre Spielpartner z.T. noch unerfahren sind (was differenziertere Paraphraseübungen) angeht, so darf ich erwähnen, daß *einfache* Aufgaben in meinem mvg-Taschenbuch *Kommunikationstraining* enthalten sind.

2. In diesem Kurs möchte ich Ihnen spezielle Aufgaben vorstellen, mit deren Hilfe echte Könner *noch* besser werden. Darf ich noch einmal warnen: Manche Übungen lesen sich sehr »einfach«, aber sie »spielen sich« doch weit schwieriger!

Nehmen wir das Beispiel im Restaurant (vgl. Teil II, Abschnitt: *Wie klar ist »glasklar«?* (Seite 161) Bitte notieren Sie Ihre Antworten (gleich auf der linken Seite) zu folgenden Fragen:

a) Was sagte (meinte) Gast 1?
b) Was sagte (meinte) Gast 2?

Hier der genaue Wortlaut:

Ober: Schwein?
Gast 1: Das bin ich.
Ober: Kalbshaxe?
Gast 2: Die hatte ich.

Geben Sie bitte pro Frage *zwei* Antworten (je einmal für »gesagt« und einmal für »gemeint«), insgesamt also *vier* Formulierungen.

STOP

Bitte keinesfalls weiterlesen, ehe Sie Ihre Antworten eingetragen (oder doch zumindest *überlegt*) haben!

Worauf will ich hinaus? Nun, beantworten Sie jetzt bitte eine einzige Frage: War Ihnen klar, daß beide Gäste die Frage des Obers (höchstwahrscheinlich sogar *unbewußt*) zuerst *ergänzt* hatten, und daß sie *diese ergänzte Frage beantworteten?*

[ ] Ja **[ ] Nein**

Übrigens sollten Sie einige Freunde mit dieser kleinen Aufgabe testen. Zwar ist vielen Menschen »klar«, was »eigentlich gemeint« war, aber die wenigsten registrieren bewußt, daß die Gäste eine *ergänzte* Frage beantworten. Das ist immer dann wichtig, wenn jemand *anders* ergänzt (als Sie es »gemeint« haben) und daher etwas sagt, das Ihnen (zunächst) völlig abwegig erscheinen mag. Wenn Sie in einem solchen Fall bewußt registrieren, daß vielleicht nur eine »andere« Ergänzung vorlag, werden Sie wahrscheinlich nicht (mehr) so leicht meinen, Ihr Partner habe »nicht aufgepaßt« oder gar, daß er de-motiviert sei, u.ä.

In unserem Fallbeispiel war jedoch richtig ergänzt worden, eben deshalb merkt dies kaum jemand. Gemeint hatten die Beteiligten nämlich in etwa folgendes:

> Ober: Wer ist die Person, die **Schweine**filet bestellt hat?
> Gast 1: **Das bin ich.**
> Ober: Und wer hatte bitte die **Kalbshaxe** bestellt?
> Gast 2: **Die hatte ich** [bestellt].

Aufgabe Nr. 1: Wort-wörtlich

Nehmen Sie mindestens eine Woche lang *alles* wörtlich, was Sie hören oder lesen (wenn Sie gerade an Ihr Training denken). Dies gilt bei Besprechungen mit Kollegen in der Firma genauso wie im Privatleben, im Restaurant, in der Bank, beim Einkaufen, am Gartenzaun etc.

Tip: Wenn Sie fernsehen, gibt es zwei Möglichkeiten: Entweder eine Sendung fasziniert Sie (vom Inhalt her), oder aber Sie merken, daß Ihre Aufmerksamkeit (zeitweise) abschweift. Wenn dies der Fall ist, gilt: man kann auch hier alles wörtlich nehmen und so aus einer langweiligen Sendung eine interessante Trainingsaufgabe machen.

Dieses Training geht mit mehreren Vorteilen für Sie einher:

- Sie üben bewußtes Zuhören.
- Sie nehmen mehr wahr als das, was an der Oberfläche ist.
- Sie merken, wie oft Leute in *verbalen Droodles* sprechen, ohne sich dessen bewußt zu sein.
- Wenn das passiert, entwickeln Sie durch genaues Beobachten des jeweiligen Empfängers ein Gespür für die sogenannten Signale des Nicht-(ganz)-Verstehens! Diese zu erkennen ist hilfreich, wenn Sie selbst Sender sind und Ihre Empfänger Ihnen gegenüber auch (hier und da einmal) solche Signale aussenden ...
- Sie merken, welche Wörter (Redewendungen) eine sehr starke Vorstellung »eingebaut« haben. Dies kann als ein Aspekt Ihres Sprachtrainings (im Sinne von Sprache als Instrument des Denkens)* gesehen werden. Jeder gute Rhetoriker hat dieses Gefühl entwickelt und pflegt es ständig!

---

* Vgl. bitte auch meine mvg-Toncassette hierzu: *»Sprache als Instrument des Denkens.«*

Anmerkung: Wenn Ihre »Opfer« Humor haben, kann man sich gegenseitig darauf aufmerksam machen, wenn eine Aussage (wortwörtlich) recht lustig oder sprachlich faszinierend ist. Mit humorlosen Menschen hingegen ist es besser, nur gedanklich zu trainieren. Manche Leute (auch Vorgesetzte) werden nämlich extrem nervös, *wenn sie merken, daß man ihnen wirklich mit größter (ungeteilter) Aufmerksamkeit zuhört!* Trotzdem klagen solche Menschen häufig: »Nie hört man mir zu!« Darüber könnte man fast einmal nachdenken, nicht wahr?

Aufgabe Nr. 2: Was ist für Dich wichtig?

Eine Aufgabe, die zunächst einfach *wirkt,* die es jedoch in sich hat. Die Spielregeln sind höchst einfach:

- A erzählt B etwas (über mehrere Minuten).
- Dies muß eine zusammenhängende Schilderung sein (z.B. die letzte Urlaubsreise, mit Komplikationen oder besonderen Erlebnissen) oder ein Statement zu einer Meinung, die A vertritt (politisch, philosophisch, wie auch immer).
- B darf keinerlei Notizen machen.
- Es soll ein Kassettengerät (oder Tonband[3]) mitlaufen.

---

[3] Oder, falls Sie wollen, sogar ein Video-Recorder!

- Wenn A ausgesprochen hat, wird B die Botschaft paraphrasieren, wobei er sich besonders darum bemüht, hervorzuheben, was (seiner Meinung nach) *in den Augen von A* besonders wichtig war.

Ein anschließendes Abhören der Kassettenaufzeichnung kann sehr hilfreich sein, *auch für A!* Wir alle kennen den Typ von A, der regelmäßig behauptet, der Gesprächspartner habe diesen oder jenen Aspekt seiner Äußerung nicht gehört, während sich im nachhinein herausstellt, daß A nur *meinte,* das auch gesagt zu haben. Falls Sie »so einen« Menschen in der Gruppe haben, warnen Sie ihn keinesfalls vorher! Es ist immens heilsam, wenn er seine Behauptungen aufstellt (vielleicht sogar lautstark), und B *höflich* bezweifelt, bis A *selbst* fordert, das Band anzuhören.

Sie sehen, daß diese Übung es ›in sich‹ haben kann. Je differenzierter die Aussagen sind, die paraphrasiert werden müssen, desto faszinierender wird diese Aufgabe. Im übrigen kann man auch *allein* üben, insbesondere, wenn man normalerweise viel lesen muß. Beim Lesen bestehen im Prinzip dieselben Gefahren wie beim Zuhören; außerdem kann man die Nacherzählung sowohl schriftlich absolvieren (wenn man das Texten üben will) als auch mündlich (z.B. in ein Diktiergerät). Diese Variante möchte ich Ihnen vor allem dann empfehlen, wenn Sie Ihre rhetorischen Fähigkeiten (gleich mit-) trainieren möchten. Es ist eine Standardübung für Redner (und solche, die es werden wollen).

Es folgen einige Zitate, die Sie zum Trainieren verwenden können. Aber Achtung: Falls Sie nicht jetzt gleich üben wollen, *überblättern* Sie die Fallbeispiele bitte, damit Ihnen die Texte, wenn Sie sie später übend angehen wollen, noch ganz neu sind! Im übrigen stehen alle Zitate im Zusammenhang mit dem Thema dieses Kurses.
Wenn Sie jetzt nicht vorhaben zu üben:

Für Sie geht es auf Seite 59 weiter.

Zitate zum Üben

(schriftlich/mündlich) einer längeren Paraphrase

Text Nr. 1

Setzt aktives Zuhören Zustimmung voraus?[4]

Verständlicherweise wird diese Frage häufig gestellt. Die meisten von uns sind daran gewöhnt, daß Mitteilungen entweder Zustimmung oder Widerspruch zum Ausdruck bringen. Wenn Menschen anderen zuhören, antworten sie in der Regel mit Äußerungen, welche die Bedeutung von richtig oder falsch, vernünftig oder unvernünftig, logisch oder unlogisch, gut oder schlecht übermitteln. Aktives Zuhören dagegen bringt niemals negative Urteile oder Widerspruch zum Ausdruck. Trotzdem befürchten manche Vorgesetzte, wenn sie das erste Mal mit dieser Technik Bekanntschaft machen, daß durch die Rückmeldung der Gefühle des anderen (insbe-

[4] aus: *Managerkonferenz – Effektives Führungstraining von* Thomas GORDON.

sondere wenn er Ärger, Haß, Entmutigung, Hoffnungslosigkeit oder ähnliches empfindet) der Eindruck entstehen könne, ihre Botschaft lautet: »Ich glaube, Ihre Gefühle sind berechtigt«, »Ich billige Ihre Gefühle«, »Ich glaube, Sie haben recht« oder »Ich stimme Ihnen zu«. Deshalb werde ich häufig gefragt: »Muß aktives Zuhören negative Gefühle nicht bekräftigen oder stärken?«
Die Angst ist unbegründet. Akzeptieren heißt noch lange nicht zustimmen. »Sie haben wirklich alle Hoffnung aufgegeben« ist etwas ganz anderes als »Ich finde auch, daß es hoffnungslos ist«.
Aktives Zuhören teilt mit: »Ich verstehe, was Sie empfinden.« Das ist weder Zustimmung noch Widerspruch. Kein Urteil darüber, ob die Gefühle richtig oder falsch sind. Diese Form der Bejahung kann sehr entwaffnend wirken, weil die Menschen so selten mit ihr zu tun bekommen. Daraus erklärt sich die einzigartige Wirkung des aktiven Zuhörens. Es bleibt die alleinige Aufgabe des Senders zu beurteilen, ob seine Gefühle angemessen oder unangemessen sind. Meist stellen sie sich als unangemessen heraus. Daraus erwächst häufig ein produktiver Problemlösungsprozeß.

Text Nr. 2

Mentales Judo[5]

Jeder Vorteil (für einen anderen) hat auch einen »eingebauten« Nachteil. Man muß diesen nur wahrzunehmen lernen. Dann kann

[5] Quelle: Mental Judo, Roh-Manuskript: LANE LAGER and AMY L. KRAFT, PH. D.

man diesen seinen Nachteil zum eigenen Vorteil umwandeln. ... Die Strategie: Versetzen Sie den Gegner auch in eine Situation, aus der Sie Ihre Stärke(n) maximieren und seine minimieren.

Jigaro KANO, Begründer des JUDO hat gesagt:

Judo ist der Weg, mittels dessen man mentale und physische Stärken optimal mißt. Indem man Angriffe und Verteidigung trainiert, »raffiniert« man Körper und Seele. Dieses Training heißt JUDO. Es geht u.a. darum, Teil Ihres Seins werden zu lassen. ...

Auf diese Weise können Sie sich selbst perfektionieren *und* der Welt etwas Wertvolles hinzufügen. Dies ist das letztendliche Ziel der »JUDO-Disziplin«.

Das mentale Training (RANDORI) ist *wichtiger* als das physische. Es hilft einem, sowohl die nächsten Bewegungen des Gegners vorauszuahnen, als auch die eigenen Möglichkeiten wahrzunehmen und zu realisieren ... Allerdings muß man auch inmitten des Kampfes ruhig und »versammelt« bleiben können ...

Ein Judo-Lehrer (SENSEI) wird andere nie durch aufreizende Kampfhaltung oder Bewegungen zum Kampf reizen. Er weiß, daß er sich mit dem Opponenten messen kann, aber es ist ihm gleichgültig, ob andere Personen das auch wissen.

Judo ist mehr als ein Sport. Es ist eine Lebenshaltung. Es ist »der leise Weg« (the gentle way). Man kann immer beobachten, daß Judo-Lehrer höflich und hilfsbereit sind und Kämpfen mit feindseligen Gegnern (z.B. einem Betrunkenen oder einem wütenden Mitmenschen) eher aus dem Wege gehen.

Da sie sich selbst nicht mehr beweisen müssen, was sie »wert sind«, können sie es sich durchaus »leisten«, in den Augen der Umstehenden als Feigling zu gelten.

Also:

1. Ein Judoka kämpft, wenn er muß! Dann aber hervorragend.
2. Er wird einem anderen lieber helfen, als ihn besiegen.
3. Er hat Selbstachtung; daher werden ihn auch andere (selbst Gegner) achten und respektieren.
4. Er hat gelernt, beim Opponenten auf kleinste Signale zu achten, also ist er ein hervorragender Beobachter.
5. Er meistert sein Leben erfolgreich, ohne daß er andere eben (wegen) dieses, seines Erfolges verunsichern mußte.
6. Er hat Kontrolle über sich, daher fällt es ihm leicht, andere mitzureißen (zu motivieren), denn die Mitmenschen reagieren äußerst positiv auf einen Menschen, der Selbstkontrolle besitzt.

Der folgende Text entstammt einem äußerst lesenswerten Buch, das, wie der Titel *»Der große Ideenklau«*[6] schon andeutet, reich an Ideen ist. Diese kann man z.T. direkt übernehmen (sprich: »klauen«), aber sie ermöglichen natürlich auch zahllose eigene Assoziationen, so daß unglaublich viel bewirkt werden kann. Ich schlage vor, das Buch auf den

[6] Autoren: Considine, Ray/Raphel, Murray (S. Lit. Verz.).

Schreib- oder Nachttisch zu legen und pro Tag ein bis zwei Seiten zu lesen. Man könnte teilweise sogar eine regelmäßige Paraphrasierübung aus dem ganzen Buch machen, wenn ein Partner dem anderen jeweils ein Stück vorliest und der andere dann paraphrasiert ...

Text Nr. 3

Machen Sie Nachteile zu Vorteilen!

Beispiel 1: Mode

Der Modeschöpfer Ralph Lauren wollte »natürliche« Gewebe verkaufen. Er wußte im voraus, daß anfängliche Kommentare derjenigen Kunden, die knitterfreie Synthetiks und Baumwollgemische gewohnt waren, sich auf die Tatsache beziehen würden, daß Baumwollstoffe knitterten. Er überwand diesen vorhersehbaren Einwand ... Er ließ ins Etikett jedes Kleidungsstückes einweben: »Knittert *garantiert.*«

Beispiel 2: Rassenproblem?

Carl Stokes' Ziel war es, zum Bürgermeister von Cleveland gewählt zu werden. Er besaß dazu die nötige Erfahrung und genügendes Engagement. Eines aber unterschied ihn von allen anderen Kandidaten: er war schwarz.
Würde das politische System einen Schwarzen als Bürgermeister akzeptieren? Würden es die Wähler akzeptieren? Seine Anhänger entschlossen sich, das Rassenproblem in den Vordergrund ihrer Kampagne zu stellen. Wenn man schon darüber *flüsterte,* warum

nicht dafür sorgen, daß man offen darüber *redete?* Sie stellten eine Reihe von Anzeigen zusammen, und dies war die erste große Schlagzeile:

»Wählen Sie keinen Neger!«

Jedermann in Cleveland las *diese* Überschrift.

Und dann folgte, kleiner gedruckt, folgender Text:

Wählen Sie einen Menschen.
Wählen Sie Erfahrung. Wählen Sie Charakter.
Wählen Sie eine Führungspersönlichkeit.
Einen Mann, der Probleme anpackt und löst.
Einen Mann, der die Bevölkerung von Cleve
land um sich sammeln kann.
Wählen Sie einen Menschen. Carl Stokes.

Er gewann die Wahl.

Beispiel 3: Hagel-Äpfel

Jim Youngs Ziel war es, Äpfel zu verkaufen. Er war stolz auf seine glänzenden, festen, saftigen Äpfel. Er baute ein gutgehendes Versandgeschäft auf, und seine Kunden wußten, daß sie jedes Jahr die gleiche Qualität erwarten konnten.

In einem Jahr nun gab es kurz vor der Ernte ein schweres Unwetter. Die Schalen fast aller Äpfel trugen Flecken vom Hagelschlag davon. Da stand Jim Young mit Tausenden von Bestellungen und Rechnungen. Wenn er diese Äpfel verschickte, würde er Tausende von unzufriedenen Kunden und ein ruiniertes Geschäft haben. Wie konnte er diesen Nachteil in einen Vorteil für sich verwandeln?

Er wußte, daß die Äpfel von erstklassiger

Qualität waren. Er wußte, daß sie nur äußerlich Schaden gelitten hatten. Ihr Geschmack war sogar noch besser als sonst, weil kaltes Wetter während der Reifezeit das Aroma verbessert hatte.

Seine Entscheidung: Die Bestellungen ausführen, aber in jeden Karton steckte er folgende Karte:

Achten Sie auf die Hagelflecken, die auf der Schale einiger Äpfel kleine Schönheitsfehler verursacht haben! Sie beweisen, daß diese Äpfel hoch in den Bergen gewachsen sind, wo Unwetter mit ihren plötzlichen Kälteeinbrüchen dazu beitragen, daß das Fruchtfleisch fest wird und sich natürlicher Fruchtzucker entwickelt, was diesen Äpfeln ihr unvergleichliches Aroma verleiht.

Nicht eine der Sendungen wurde zurückgeschickt.

Der Witz bei dieser Sache: Im folgenden Jahr erhielt Jim Bestellungen für »Äpfel mit Hagelflecken, falls erhältlich. Andernfalls schicken Sie die normalen ...«

Die Moral: *Stellen Sie den vermeintlichen Nachteil in den Vordergrund!*

<u>Text Nr. 4</u>

Wörter machen Leute[7]

Wir prüfen nicht lange, ob einer, dem wir *Geiz* oder *Habgier* nachsagen, mit *Sparsamkeit* nicht besser gekennzeichnet wäre; wir suchen nicht nach Kriterien dafür, wie oft einer

[7] Das folgende Zitat entstammt dem gleichnamigen, höchst empfehlenswerten Buch: Wörter machen Leute, von Wolf SCHNEIDER (Z., Seiten 187/188)

gelogen oder gestohlen haben muß, damit wir ihm das Etikett Lügner oder Dieb ankleben. Wir sprechen von *Eingeborenen*, wenn es sich um Farbige handelt; Weiße werden *Einheimische* genannt. Auch *Götzendienst* deutet auf Afrika oder Asien, da das Abendland sich *Gottesdienste* leistet ...

Wo immer Menschen oder Dinge allein durch eine Verneinung bezeichnet werden können, bietet uns die Parteilichkeit der Sprache einen Zipfel an, an dem wir kräftig zerren sollten. Nur durch Negation der Muße, *otium*, konnten die Römer ausdrücken, was Arbeit für sie war: *negotium*, das ärgerliche Gegenteil des müßigen Normalzustands. Alle, die keinen Tabak konsumieren, haben sich das Etikett *Nichtraucher* anhängen lassen, das sie als die Regelwidrigen einstuft; hätte sich eine ähnliche Dosis Parteilichkeit gegen die Raucher gekehrt, die Schilder würden vielleicht *Süchtige* und *Nichtsüchtige* lauten ... Das Ganze ist nicht sinnvoller, als wenn in einer Blindenanstalt die sehenden Pfleger als die *Unblinden* bezeichnet würden.

Wie falsche Zusammenhänge hergestellt werden: Nichts verwechseln wir häufiger als Zeitfolge und Ursachenverkettung. Dies ist zunächst eine vor- und außersprachliche Tendenz: Wenn einer am Freitag betet, auf ihn möge der Hauptgewinn im Lotto treffen, und am Samstag gewinnt er ihn, so hält er den Gewinn für die »Folge« des Gebets. Wenn die Nachbarin im Kuhstall war und danach eine Kuh erkrankte, so war die Nachbarin als »Hexe« entlarvt. Und durchaus ernsthafte Leute kann man sagen hören, der Wolkenbruch am Nachmittag sei nun »die Folge« davon, daß man am Vormittag das herrliche Wetter »berufen« habe.

Dieser populäre Kurzschluß hat in der Sprache seinen perfekten Gegenpol. An sich heißt ja »Folge« nichts, als daß im Lexikon *Dujardin* auf *Duisburg* folgt, wahrlich ohne den geringsten Kausalzusammenhang. Aber wer »die Folgen zu tragen hat«, muß offenkundig nicht das zeitlich Folgende hinnehmen, sondern die Wirkungen seiner Tat. Aus dem richtigen Satz »Auf das Gebet folgte der Lottogewinn« wird flugs die dubiose Feststellung »Aus dem Gebet folgte der Lottogewinn«. Folgerung, folgerichtig, infolgedessen, Konsequenz haben sich allesamt von der Zeitfolge in die Ursachenverknüpfung hinübergemogelt.

Drei wichtige Aspekte beim Paraphrasieren

Es folgen noch einige Aspekte, auf die Sie ebenfalls achten können, so daß Sie für jede Paraphrasierübung jeweils einen anderen Schwerpunkt wählen, den Sie diesmal besonders beachten wollen. Wobei man auch die obigen Zitate auf die folgenden Aspekte hin analysieren kann, vor allem, wenn Sie diese Textstellen für Paraphraseübungen mit mehreren Personen einsetzen wollen ...

1. Unterscheiden Sie zwischen Fakt und Interpretation

Die Aussage: »Es war zu heiß« enthält eine subjektive Wertung (Interpretation der Wirklichkeit), weil ja hier ein Urteil gefällt wird. Urteile sind keine »objektiven« Tatsachen!

2. Unterscheiden Sie, wer was gesagt hat.

Wenn A Ihnen erzählt, daß sein Bruder und der Manager des Restaurants einen Krach bekommen hatten, in den sich bald andere Gäste einmischten, wird es ihm höchst selten gelingen, klar auszudrücken, wer nun was (zu wem) gesagt hat! Fragen Sie, wenn Sie die Kontrolle verlieren (kurze Verständnisrückfragen sind bei fortgeschrittenen Spielrunden selbstverständlich jederzeit gestattet)!

Ähnliche Probleme tun sich oft bei wissenschaftlichen Diskussionen auf, wenn A (das könnte z.B. ein Trainer sein) den Kommunikationsforscher WATZLAWICK zitiert, und wenn A nicht klar genug ausdrückt, daß jener genaugenommen Gregory BATESON zitiert hat! Später behaupten die Hörer dann gerne entweder, WATZLAWICK habe gesagt (geschrieben), oder gar, daß A dies selbst gesagt habe.

Wer diese Aufgabenvariante öfter durchgespielt hat, entwickelt ein feines Gefühl hierfür. Das empfehle ich vor allem jenen, die in Firmen regelmäßig Gerüchte darüber verbreiten, was in der Konferenz letzten Freitag besprochen wurde. Zwar war der Sprecher nicht selbst anwesend, aber er kennt doch tatsächlich jemanden, der einen kennt, dessen Sekretärin das Protokoll geführt hat!

3. Unterscheiden Sie, was impliziert wird!

Ein wesentlicher Aspekt (vgl. Teil II, Abschnitt: *Wie klar ist »glasklar«?* Seite 161) ist dieser: Lernen Sie Begriffe zu erkennen, die emotional vorprogrammiert sind.

Beispiele:

a) Nennt jemand Autofahrer, die nicht auf die *rote* Ampel zurasen, sofort *Ampelschleicher,* welches Werturteil wird hier impliziert?

b) Was impliziert der Name *peacemaker* (Friedensmacher) für die Atombombe, die auf Hiroshima fiel?

c) Wer benutzt wann den Begriff *Restrisiko* (und: wie »läppisch« ist denn dieser »Rest« von Risiko in diesem speziellen Fall, den Sie gerade analysieren, für die Bevölkerung, für Tiere, für Pflanzen etc.)?

Diskussionen hierüber, welche durch die Paraphrase eingeleitet werden, können ungemein fruchtbar sein. Denn oft haben Menschen gewisse Begriffe blind (ohne je darüber nachzudenken) übernommen, von Respektpersonen, aus der Presse, von ihren Freunden ... Dies kann auf abstrakte Begriffe oder das Wertsystem bezogen eine Schwäche im *analytischen* Denken darstellen. Denn je weniger ein Mensch die Worte analysiert, die er selbst regelmäßig von sich gibt, desto weniger wird er auch analysieren, was andere sagen/schreiben. Wenn die Umwelt, in der er aufwuchs, ihn nie dazu angehalten hatte, kritisch über Aussagen, die gemacht wurden (von der Familie, Presse, den Vorgesetzten, etc.) nachzudenken, dann können solche Übungen ein hervorragender Anstoß dazu sein. Aber auch im *emotionalen* Bereich kann man etwas anderes »meinen« als das, was man gesagt hat. Hier handelt es sich weniger um ein Denk-Defizit, sondern um eine andere Art von Mangel: Je weniger jemand sich mit sich und anderen auseinandersetzt (vgl. auch die Übungen zu: *Satz-Ergänzungsaufgaben* am Ende des Abschnittes *Toleranz,* Seite 94) desto häufiger wird es vorkommen, daß er durch Paraphrasierübungen wie die *folgende* Variante *Neues über sich selbst* lernen wird. Wundern Sie sich also nicht, wenn der eine oder andere Spielpartner immer wieder höchst erstaunt feststellt, daß er (sie) in der Tat dieses oder jenes meinte! Es folgt eine Aufgabe für zwei Personen (die Virginia SATIR entwickelte[8]). Nennen wir sie wieder A und B:

Aufgabe Nr. 3: Du meinst ...?
(nach SATIR)

Diese Übung kann mit oder ohne Gruppe (als Zuschauer) gespielt werden. *A macht eine Aussage, die er für wahr hält* (z.B. Ich finde es hier sehr heiß), woraufhin B paraphrasiert, aber wie folgt:

1. Er beginnt jeden Satz mit »Meinst du (damit) ...?«
2. Er will *drei* Ja-Antworten vom Partner erhalten.

[8] Virginia SATIR ist eine der erfolgreichsten *Helfer* kommunikativer Prozesse (gepaart mit Selbsteinsicht und wachsender Menschenkenntnis) in den USA. Es gibt mehrere Bücher von ihr (s. Lit. Verz.), mit denen Sie vielleicht weiterarbeiten wollen, vor allem, wenn Sie z.B. im Bereich privater Partnerschafts-, Freundschafts- oder Familienbeziehungen mehr tun wollen!

3. Es dürfen zwar Nein-Antworten »dazwischen« sein, aber B darf nicht aufhören, ehe er dreimal ein Ja erhalten hat.

Hinweis zu Punkt 1, oben: Ich habe die Übung etwas abgewandelt, so daß auch Formulierungen wie: »Willst du …?« (oder ähnlich) zugelassen sind (vgl. das folgende Beispiel):

A Ich finde es hier sehr heiß.
B Meinst du, daß du dich unwohl fühlst?
A Ja (erstes »Ja«).
B Meinst du, daß ich es auch zu heiß finden sollte?
A Nein.
B Willst du, daß ich dir ein Glas Wasser bringe?
A Nein.
B Du wolltest mir also nur mitteilen, daß du dich momentan nicht besonders wohl fühlst?
A Ja (zweites »Ja«).
B Und du hoffst, daß ich irgendwas dagegen unternehme?
A Ja (drittes »Ja«).

Aufgabe Nr. 4: Was wolltest du eigentlich …?

Wie oben bereits erwähnt, können manche Aussagen eher »Handlungen« sein, welche über die Worte selbst hinaus Signalwirkung tragen. Die Tatsache, daß jemand verbissen *schweigt,* sendet das klare Signal, daß er momentan nicht reden will (sich aber verärgert oder frustiert fühlt). Oder: Eine Ehefrau kann durch häufiges Unterbrechen (Möchtest du noch was trinken? Willst du eine Zigarette? Hast du Feuer?) zeigen, daß sie das *Thema* langweilt, welches er schon (ihrer Meinung nach viel zu lange!) mit dem Nachbarn erörtert. Die folgende Aufgabe ist ähnlich wie die erste:

Richten Sie Ihr Augenmerk mindestens eine Woche lang auf diesen Aspekt! Nach dem Motto: »Suchet und Ihr werdet finden!« werden Sie plötzlich beginnen, solche Signale wahrzunehmen.

Auch das (nachfolgend beschriebene) Telepathie-Spiel trainiert die Fähigkeit, Botschaften, die über den gesagten Wortlaut hinausgehen, wahrzunehmen. Wenn man einmal beginnt, ein »Gefühl« hierfür zu entwickeln, kann man oft einem Mitmenschen *helfen,* statt verärgert zu reagieren. Denn wenn der andere nicht fähig (oder zu ängstlich) ist, ehrlich zu sagen, was ihn bedrückt, dann sind verärgerte Umwelt-Reaktionen genauso unangenehm wie die Tatsache, daß es oft niemand merkt, welches Signal man (auch unbewußt) verzweifelt senden wollte.

3. Telepathie

Das folgende Spiel[1] ist eines der schönsten Kommunikations-Spiele, das ich je kennengelernt habe. Es trainiert gleichzeitig mehrere äußerst wichtige Kommunikations-Fähigkeiten, ist jedoch trotzdem ein echtes *Spiel,* allerdings nur geeignet für Könner! Spielen Sie es keinesfalls mit Menschen, deren Kommunikations-Fertigkeiten (noch) nicht besonders gut entwickelt sind[2]. Denn solche Menschen haben zunächst kaum eine Chance, aktiv mitzuraten und Erfolg zu haben! Könner jedoch werden nicht nur mit großer Fazination *spielen,* sie werden mit jeder Spiel-Runde noch besser! Denn dieses Spiel schult in phänomenalem Maße *bei allen* Mitspielern

- wirklich aufmerksames **Zuhören,**
- **Schlußfolgerungen** aus dem Gesagten zu ziehen,
- diese ins weitere Hören/Beobachten **miteinzubeziehen,**
- erste **Hypothesen** über die »Spielregel« zu bilden,
- diese zu **überprüfen**[3],
- **Mißerfolg** (oder Erfolg) gut zu verkraften!

---

[1] Ich danke meinen Trainer-Kollegen John Kent und Paul Smith in England und Ken Taylor in Schweden für die Spiel-Idee. Sie setzen dieses Training mit großem Erfolg seit Jahren in ihren Management-Kommunikations-Seminaren ein.

[2] Hinweis für Trainer-Kollegen oder Menschen, die semi-professionell öfter Gruppenarbeit zur Kommunikation anleiten: Spielen Sie anfangs das Telepathie-Spiel mit Ihren Teilnehmern abends, als Freizeit-Beschäftigung, bis Sie selbst ein Gefühl dafür entwickelt haben, welche Arten von Gruppen mit welchem Schwierigkeitsgrad des Spiels konfrontiert werden können. Diese Erfahrungswerte verhindern, daß Sie Mitspieler im Seminar selbst überfordern. Später können Sie die Übung auch als offiziellen Teil des Trainings einsetzen.

[3] notfalls zu verwerfen und eine neue Hypothese zu suchen

Bis auf das »Bilden von Hypothesen« dürften alle Aspekte sofort einleuchten. Was damit gemeint ist, wird sofort erklärt. Aber zuerst noch den zusätzlichen Nutzen der beiden *aktiven Spieler,* die das Spiel eröffnen und denen die Gruppe zunächst zusieht und zuhört, ehe Gruppenmitglieder selbst aktiv werden:

- Äußerst gezieltes **Fragen,**
- jede Frage äußerst genau zu **analysieren.**

Nun, sicher sind wir uns einig, daß dies Fähigkeiten sind, die ein wirklicher Könner gar nicht gut genug beherrschen kann! Die Seminarerfahrung zeigt immer wieder, daß die Teilnehmer von Spiel zu Spiel »wacher« werden, daß sie von Spielrunde zu Spielrunde differenzierter sehen und hören, daß sie lernen, immer mehr Details wahrzunehmen, und das alles spielerisch. Zusatz-Nutzen:

Wenn jemand einmal differenziertes Hören/Sehen gelernt hat, so kann er diese »höhere« Ebene seines bewußten Wahrnehmens später nie wieder »verlieren«, vorausgesetzt, er durchläuft hin und wieder einmal ein Telepathie-Spiel zur Stabilisierung.

Worum geht es jetzt genau in diesem Spiel? Antwort: Es geht ganz einfach darum, daß die beiden Spieler, die das Spiel eröffnen, *vorgeben, mittels Telepathie zu kommunizieren,* während natürlich alle Mitspieler wissen, daß der »Sender« den »Empfänger« mittels *versteckter Botschaften* informieren wird. Somit können wir die Aufgaben definieren, wobei

Sender und Empfänger eine andere Aufgabe haben als die Mitspieler in der Gruppe:

Aufgabe der beiden (Sender und Empfänger) ist es, diese heimlichen Botschaften so gekonnt zu verstecken, daß die anderen sie nur durch außerordentlich aktives Zuhören und qualifiziertes Beobachten »finden« werden.

Aufgabe der Gruppe ist es, diese Botschaften durch aktives Zuhören und genaues Beobachten aus dem offiziellen Geschehen herauszulösen, d.h. die Spielregel zu erkennen, welche die beiden in diesem Spiel (welches über diverse Spielrunden läuft) anwenden!
Das Vorgehen ist einfach: Wenn die beiden »Telepathen« die Regel für die folgende Spielrunde abgesprochen haben, nimmt einer die Rolle des Senders ein, während der andere Empfänger spielt. Nun wird der Empfänger wegsehen (z.B. den Kopf in die Arme auf den Tisch legen), während die Gruppe einen Gegenstand auswählt, den der Empfänger dann erraten soll. Zum Beispiel hebt Peter seine **Brille** hoch und wartet bis alle sie gesehen haben und nicken. Also soll der Empfänger in dieser Spielrunde diese Brille erraten. Jetzt sagt der Sender (der gleichzeitig als Spielleiter fungiert), daß das Spiel beginnt, und der Empfänger darf seinen Kopf wieder heben. Ab jetzt wird der Sender dem Empfänger regelmäßig Fragen stellen, indem er verschiedenste Gegenstände aufhebt oder auf

sie deutet. Zum Beispiel: »Ist es das?« oder: »Ist es diese Lampe?«, etc. Wenn er die Brille von Peter hochhält (oder auf sie deutet) wird der Empfänger, der bis jetzt alle Fragen verneinte, sagen: »Ja.«

Ich garantiere Ihnen: Es verblüfft schon unheimlich, wenn der Empfänger Spielrunde für Spielrunde immer »weiß«, welches der gesuchte Gegenstand ist, wiewohl die Gruppe *zunächst* aus dem Gebaren des Senders (noch) nicht herauslesen kann, wie er dem Empfänger *vor aller Augen und Ohren* jedesmal wieder heimlich mitgeteilt hat, was »es« diesmal ist!

Anders ausgedrückt: Die beiden wenden pro Spiel eine (neue) Regel an, der gemäß ihre versteckten Nachrichten gesendet/empfangen werden. Diese Regel gilt für alle folgenden Spielrunden (dieser Variante), wird also bei den verschiedensten, zu erratenden Dingen immer wieder angewendet. Nur so haben die anderen Mitspieler eine Chance, durch *äußerst aufmerksames Hinschauen und Zuhören* herauszusehen oder herauszuhören, welche Regel (diesmal) angewendet wird.

Jetzt verstehen Sie sicher, warum dieses Spiel so »lehrreich« ist. Zu Beginn meint man manchmal, es könne doch gar nicht sein, daß die beiden in aller Öffentlichkeit »heimlich« kommunizieren, aber sie tun es eben doch. Nun spielt man jedes Spiel über mehrere (manchmal sogar ziemlich viele) Spielrunden und sollte im Laufe der Zeit das Spiel selbst so oft wie möglich erleben. Ab drei Personen kann gespielt werden, aber zu fünft oder fünfzehn macht es mehr Spaß!

Am Anfang Ihres Trainings sollten Sie möglichst häufig spielen. Und zwar zunächst mit leichten Spielregeln (s. unten), dann aber mit wachsendem Schwierigkeitsgrad, bis Sie (und Ihre Spielgruppe) auch die komplexeren Telepathiespiele »schaffen«. Ist dieser Punkt einmal erreicht, dann:

 reicht später auch schon *ein Spiel pro Vierteljahr,* um Ihre neu erworbenen Fähigkeiten zu erhalten bzw. zu festigen. Dieses eine Spiel zwischendurch können Sie als **Stabilisierungs-Aufgabe** (siehe Abschnitt *Stabilisierung*) ansehen, während in den ersten Wochen intensiv trainiert werden muß, bis der Grad (an Sensibilität für Signale anderer) erreicht wird, den man anschließend stabilisieren will!

Noch ein Hinweis: Es hat wenig Sinn, wenn die Mitspieler im Publikum laut spekulieren (z.B. »Ah, Michaela greift sich immer an die Nase, ehe sie den zu ratenden Gegenstand abfragt!«). Dieses Spiel ist kein Ratespiel (im Sinne der Fragetechnik), sondern es stellt ein intensives Training dar! Wobei das *Entdecken* der Spielregel ja nur den *ersten* Teil der Übung darstellt; der *zweite* Schritt liegt darin, selbst Sender bzw. Empfänger zu sein. Da nämlich Sender und Empfänger *weit konzentrierter* vorgehen müssen als der Rest der Gruppe, bringt sich ein reines »Rateteam« um einen wichtigen Teil des Trainings: Der Sender muß nämlich sein Verhalten hundertprozentig mit der Spielregel abstimmen (was nicht immer gelingt!), während der Empfänger »wie ein Luchs« aufpassen muß, um ja keinen Hinweis, den er benötigt, zu übersehen oder überhören. Deshalb gilt:

Wenn ein Mitspieler im »Publikum« meint, die Spielregel entdeckt zu haben, dann nimmt er (oder sie) den Stuhl des Empfängers ein und versucht, genauso erfolgreich mit dem Sender zusammenzuarbeiten.
War seine Hypothese (über die Spielregel) korrekt, wird es klappen, falls er genauso aufmerksam spielt wie der Empfänger, den er jetzt ersetzt. Hat diese(r) Mitspieler(in) sich jedoch geirrt, dann kann er/sie eben (noch) keine »Telepathie« betreiben, weil er/sie ja auf andere Signale des Senders wartet als die, welche dieser jetzt senden wird. Dann »klappt es nicht«, d.h. dieser Empfänger geht zurück zu seinem Platz und wartet, bis er *wieder* meint zu wissen, welche Regel die beiden da vorne anwenden. In der Zwischenzeit können andere Mitspieler die Rolle des Empfängers probeweise einnehmen.
Ein sehr lustiger Effekt des Spiels ist es, wenn jemand eine falsche Hypothese hat, aber trotzdem ein oder zwei Spielrunden lang richtig zu spielen scheint (etwas Glück ist manchmal auch dabei), und erst die nachfolgende Spielrunde aufzeigt, daß er »auf dem falschen Dampfer« saß. *Wenn Sie Sicherheit wollen,* dann lassen Sie einen Empfänger, der nur eine einzige »gelungene« Runde spielte (weil andere Mitspieler den Empfänger-Stuhl ebenfalls einnehmen wollen) auf einen *Zettel* schreiben, wie seiner Meinung nach die Spiel-

regel lautet. Falls er falsch geraten und somit beim Spielen selbst vorhin »Glück« gehabt hat, sagt der Spielleiter: »Nein, es liegt nicht daran, daß ich dies oder jenes tue« und *gibt die falsche Hypothese preis*. Sie stellt nämlich eine wertvolle, zusätzliche Hilfe für die Gruppe dar! Stimmt es hingegen, dann vergessen Sie nicht, dies so mitzuteilen, daß der Mitspieler sich freut, z.B. laut und deutlich: »Jawoll, genau!« (Wenn Sie Ihre Mitmenschen dabei beobachten, werden Sie unzählige Varianten eines zufriedenen Gesichtsausdrukkes sehen lernen. Manche lächeln offen und freuen sich, manche nicken kaum merklich etc.) Aber auch der Mensch, der es weniger offen zeigt, freut sich. Denn so ein Spiel ist ja immer eine Wettbewerbssituation; wobei es am Spielleiter (oder Trainer) liegt, den Wettbewerbscharakter möglichst in den *Hintergrund* zu drängen. Denn Mitspieler, die »verbissen auf Sieg« kämpfen, können keine *Sensibilität* entwickeln, und genau das ist ja das Ziel dieses Spieles! Trotzdem sollen die Spieler sich freuen dürfen, insbesondere wenn sie unter den ersten sind, die »es« wahrgenommen haben. Freude am eigenen Erfolg ist der beste Garant für weitere Erfolgserlebnisse bei ähnlichen Aufgaben. Und das entspricht genau unserer Zielsetzung!

Man könnte übrigens vereinbaren, daß die beiden ersten Erfolgreichen dieses Spiels automatisch Sender (Spielleiter) und Empfänger für das nächste Spiel sein werden.

Es hat sich bewährt, vorher abzusprechen, wie lange eine Spielrunde dauern soll. Entweder zeitlich (z.B. 15 oder 20 Minuten) und danach wird »aufgelöst«, egal wie viele oder wenige Mitspieler inzwischen »draufgekommen« sind. Oder aber man sagt, *wir spielen, bis die ersten zwei* (bei größeren Gruppen eher fünf oder sechs) *»es« wissen und beginnen dann die nächste Runde.* Denn der Charley-Whoop-Effekt Nr. 1 wird immer wieder einmal eintreten. Wem dies passiert, der kann in einem Spiel dermaßen blockiert sein, daß er auch bei 100 Spielrunden keine Chance mehr hätte. Wenn eine einzelne Runde solange dauern würde, bis auch der letzte Spieler »es« wahrgenommen hat, wird dieses Spiel nicht nur frustrierend für die letzten Spieler (die langsam aber sicher meinen, das Gesicht zu verlieren), sondern auch der Rest der Gruppe beginnt sich zu langweilen!
Bitte überprüfen Sie, ob Ihnen das Ziel (bzw. der Sinn) des Spieles bereits ganz klar ist! Denn Sie werden ja die ersten Spiele als Spielleiter (d.h. Sender) »leiten«; daher müssen zunächst *Sie* genau wissen, was Sie zu erreichen hoffen.

Es gilt, *zahlreiche* Aspekte der Kommunikation gleichzeitig hören und beobachten zu lernen. Weiterhin muß der Sender sich genau an die ausgemachte Regel halten, so daß er dabei äußerst konzentriertes und diszipliniertes Kommunikationsverhalten einübt. (Dies ist ein besonders wichtiges Training für Menschen, die sich oft über ihre eigenen spontanen Gesten und/oder Äußerungen ärgern!). Der Sender hingegen muß *jede* (kleinste) Aussage/Handlung des Empfängers auf die abgesprochene Spielregel hin überprüfen, damit ihm kein Hinweis der versteckten Botschaften »entgehen« kann. Denn das Spiel wird um so effizienter (und spannender), je weniger »Pannen« zwischen Sender und Empfänger sich ergeben!

Es folgen jetzt eine Zusammenfassung des Vorgehens (Überblick) und ein Angebot von möglichen ersten Spielregeln für das eigentliche Spiel.

Das Vorgehen (im Überblick)

1. Die beiden »Telepathen« einigen sich auf eine Spielregel (draußen vor der Tür oder in der Zimmerecke), die außer ihnen beiden zunächst niemand kennt.

2. Bei kleineren Gruppen kann jeder seinen Platz (z.B. um einen Kaffeetisch herum) beibehalten, man wechselt dann einfach die Rolle (von Zuhörer zu Empfänger), wenn ein Mitspieler eine Hypothese testen will. Bei größeren Gruppen empfiehlt sich jedoch ein anderes Vorgehen, vor allem bei parlamentarischer Bestuhlung. Der Empfänger wird einen *Empfänger-Stuhl* (vor der Gruppe) einnehmen, der von allen Beteiligten gut gesehen werden kann. Wenn ein anderer Mitspieler später die Empfänger-Rolle übernehmen will, wird

diese Person sich auf den Empfänger-Stuhl setzen, damit alle Mitspieler auch diesen Empfänger gut sehen können. Denn die anderen versuchen ja immer noch, herauszuhören (oder zu sehen), wie die beiden angeblichen Telepathen »es« da vorne machen! Der Hinweis, daß der jeweilige Sender/Empfänger gut sichtbar sein muß, gilt insbesondere dann, wenn die Spielregel ein körpersprachliches Signal erfordert! Und da Sie ja vor einem neuen Spiel keine Hilfestellung geben wollen, müssen die beiden einfach *immer* gut sichtbar sein, damit die Gruppe nie weiß, ob es sich in *diesem* Spiel um ein Signal handelt, das man *sehen* muß, oder um etwas, was es *herauszuhören* gilt.

3. Der Empfänger schaut weg, während die Gruppe einen Gegenstand auswählt, der vom Empfänger später »telepathisch« herausgefunden werden muß. Es ist wichtig, daß alle Mitspieler diesen Gegenstand kennen, sonst können sie ja nicht herausbekommen, wie der Sender es schafft, dem Empfänger mitzuteilen, daß es eben dieser Gegenstand ist! Hier wird manchmal zu schnell vorgegangen. Wenn aber einige Spieler nicht wissen, worum es sich diesmal handelt, haben diese überhaupt keine Chance, die geheimen Signale des Senders jemals wahrzunehmen. Dann wirkt das Spiel unlösbar und löst Frustration aus!

4. Jetzt stellt der Sender seine Fragen an den Empfänger, wobei es hier verschiedene Möglichkeiten gibt:

Bei Anfängern sollte der Sender stereotyp immer dasselbe tun bzw. fragen (auch weitgehend im selben Tonfall!), bis auf das *eine* Mal, wenn er das geheime Signal sendet! Diese Variante ist die leichteste, weil hier dieser *eine* Faktor wahrzunehmen ist, der nur einmal pro Spielrunde auftaucht! Allerdings gilt: Zwar ist dies die leichteste Variante, aber das Spiel insgesamt ist trotzdem kein leichtes!

Bei Fortgeschrittenen kann der Sender seine Art zu fragen laufend variieren (was Gestik oder Wortwahl angeht), so daß man jetzt das Geheimsignal, *eingebettet in eine variantenreichere Kommunikation* wahrnehmen muß, was natürlich um einiges schwieriger wird.

5. Wenn ein Mitspieler glaubt, dieses Spiel »durchschaut« zu haben, sollte er sicherheitshalber noch eine Spielrunde abwarten, um zu sehen, ob seine Hypothese immer noch zu stimmen scheint, ehe er den Empfängerstuhl einnimmt.

Dies erspart ein ständiges Wechseln der Spielpartner vor der Gruppe (was das Formulieren von Hypothesen bei den Zuschauern erschweren kann), sowie zahlreiche »Pannen« zwischen Sender und jeweiligem Empfänger, die das Spiel unnötig träge machen würden! Allerdings sind *einige* solcher Pannen durchaus hilfreich für die noch ratenden Mitspieler, denn auch eine Panne hat ihren eingebauten Aha-Effekt, so daß man auch hieraus einen hohen Informationswert »ziehen« kann!

6. Wenn die Zeit abgelaufen ist (bzw. wenn die ausgemachte Anzahl der Spieler das Geheimsignal dieses Spiels wahrgenommen hat), wird das Spiel aufgelöst und ein neues begonnen.

Man sollte pro Trainings-Einheit mehrere Spiele hintereinander spielen können, da dieses Vorgehen das intensivste Training garantiert. Erfahrungsgemäß brauchen die Spieler pro Sitzung einige Zeit, bis ihre Sensibilität im Wahrnehmen das Niveau der letzten Sitzung wieder erreicht hat.

Erste Spielregeln zum Einsteigen

Ich stelle Ihnen jetzt nur einige Möglichkeiten für die ersten Spiele vor. Falls Sie befürchten, es könnten Ihnen später nicht genug eigene Spielregeln einfallen, dann befolgen Sie diesen Tip, der sich bereits ausgezeichnet bewährt hat:

> Lassen Sie die Mitspieler *alle* ihre Hypothesen (auch die, die sich als falsch erweisen werden) auf Karteikarten notieren (pro Karte eine Hypothese). Jede Hypothese, die diesmal falsch war, *kann* natürlich eine gültige *Spielregel* für eine spätere Sitzung werden! Auf diese Weise sammeln Sie laufend weitere Ideen.

Außerdem könnte man später so verfahren, daß die beiden Spieler, die eröffnen, eine dieser Karten »aus dem Hut« ziehen und dann die Regeln anwenden müssen, die da stehen! Dies erhöht die Anforderungen an Sender und Empfänger, denn es kann passieren, daß ein besonders verbaler Sender nun ein körpersprachliches Signal mitsenden muß (was er freiwillig nicht als seine Regel gewählt hätte), oder umgekehrt!

Spielregeln der Kategorie Körpersprache

Der Sender wird ein körpersprachliches Signal »mitsenden«, dies kann z.B. sein:

- **Mimik:** z.B. lächelt er süffisant wenn »es« dran ist (was relativ leicht zu erkennen sein wird). Schwieriger wird es für beide Spieler, wenn das Geheimsignal z.B. darin besteht, eine Augenbraue etwas hochzuziehen, einen bestimmten Gesichtsausdruck anzunehmen etc.
- **Gestik:** z.B. kann er normalerweise den Gegenstand kurz in die Hand nehmen, als Geheimsignal jedoch nur darauf deuten! Er kann normalerweise mit der ganzen Hand deuten, als Signal jedoch nur mit einem (ausgestreckten) Finger. Er könnte auch normalerweise mit dem Zeigefinger deuten, darauf hingegen mit dem ausgestreckten Mittelfinger (oder mit dem Zeigefinger) der anderen Hand. Oder er kann sich jedesmal am Kinn berühren, bzw. sich »müde« über die Augen wischen etc.

- **Haltung:** z.B. steht er besonders kerzengerade, wenn »es« dran ist. Oder er verlagert das Gewicht auf das linke Bein und stützt das rechte leicht abgewinkelt ab. Oder er zieht den Kopf ein und die Schultern etwas hoch, wenn »es« dran ist, etc.

- **Abstand:** z.B. kann er alle Gegenstände aus einer gewissen Entfernung zeigen, aber wenn »es« dran ist, kann er ganz nahe an »es« herangehen. Er kann jedoch genauso gut die Distanz zum Empfänger verändern, wenn er nämlich alle Gegenstände nur (mit Deuten) benennt etc.

- **Tonfall:** z.B. kann er, wenn »es« dran ist, lauter oder leiser sprechen. Er kann normalerweise bestimmt klingen und nur, wenn »es« dran ist, mit einem fragenden Tonfall sprechen. Oder er macht als Geheimsignal eine »Denkpause« nach dem ersten Fragewort etc.

Es ist klar, daß die Signale der letzten Kategorie sogar am Telefon mitgesendet werden könnten. Das heißt, wenn Sie Anfängern eine Hilfestellung geben wollen, könnte der Empfänger sogar ostentativ mit dem Rücken zum Sender sitzen, um zu zeigen, daß er nur *zuhören* muß, um das Geheimsignal wahrzunehmen.

Spielregeln der Kategorie Worte

Auch hier gibt es Unterkategorien, die jedoch viel zahlreicher sind als bei den non-verbalen Signalen (der Körpersprache) oben. Ich will daher nur einige wenige andeuten. Wenn Sie den Tip mit den Karteikarten in die Praxis umsetzen, werden Ihre Mitspieler bald selbst die tollsten Ideen produzieren!

- **Schlüsselwort:** Der Sender benutzt bei der Schlüsselfrage[4] ein Schlüsselwort (z.B. das Wort »vielleicht«). Dies ist eine besonders leichte Variante; sie ist gut für den Start geeignet, damit alle Spieler sich schnell auf dieses Spiel »einstimmen« können und bald erste Erfolgserlebnisse erzielen können. Es soll ja *auch* Spaß machen!

- **Grammatik:** Der Sender benutzt bei der Schlüsselfrage einen *Konjunktiv* (*Könnte* es Cornelias Brille sein?). Diese Variante wird dann besonders schwierig, wenn er seine Fragen jedesmal etwas anders stellt (und zwischendurch kleine Nebenbemerkungen macht).
  Zum Beispiel:
  - Ist es das ...?
  - Hmm, das da (deutend)?
  - Die Aktentasche von Peter?
  - Und ... tja, was nehmen wir denn ... das Glas?
  - Was halten Sie von dem da (deutet)?
  - Könnte es das da sein?

  Jetzt wird es natürlich schwer. Aber es ist ja schließlich ein Spiel für Könner!

[4] So nennen wir ab jetzt die Frage nach dem gesuchten Gegenstand.

- **Papier:** Der Sender wird als Signal beim *vorletzten* Gegenstand einen aus Papier abfragen (ist es der Block?); dann weiß der Empfänger, daß als nächstes »es« folgen muß. (Zusatzidee: Falls die Gruppe dem Sender gerade bei *dieser* Runde signalisiert, er solle »es« als allererstes abfragen, dann schiebt er eine Bemerkung, die das Wort »Pappenheimer« enthält vor, ehe er zu spielen beginnt.)

Hinweis:
Sie merken sehr schnell, ob eine Gruppe für dieses Spiel »reif« ist: Wirken die Spieler verbissen und werden nervös, wenn sie nicht gleich »draufkommen«, dann ist die gewählte Variante zu schwierig für diese Spieler. Könner werden nämlich erstens ungeheuer neugierig sein und sich zweitens über ihre eigenen falschen Hypothesen köstlich amüsieren. Sie stimmen sicher mit mir überein, daß dies *ein* Indikator für eine reife Persönlichkeit ist: über sich selbst zu lachen ... Nun haben Sie zwei Möglichkeiten: *Entweder* Sie lösen dieses Spiel auf und erklären, daß die erste Runde immer »danebengeht«, weil die Spieler erst lernen müßten, wie das Spiel überhaupt geht, ehe sie sich auf Details konzentrieren können. Dann spielen Sie eine weit einfachere Variation mit dieser Gruppe. *Oder aber* Sie machen erst andere Kommunikationsübungen mit diesen Teilnehmern, falls Sie (in einigen Wochen oder Monaten) einen zweiten Anlauf (Telepathie) mit dieser Gruppe wagen wollen.

4. Mehr Toleranz ?

In den Seminaren taucht immer wieder die Frage auf: Kann man toleranter oder liberaler (und damit weniger rechthaberisch, stur etc.) werden? Nun, zunächst einmal unterscheide ich zwischen *Toleranz* und *Liberalität*. Letzteres leitet sich von dem lateinischen Wort *liberal* für *frei* ab. Das heißt, daß ich jemandem die *Freiheit* zugestehen kann, anders wahrzunehmen, zu denken, zu fühlen, zu handeln als ich, ohne daß es mir schwerfällt. Je liberaler unsere Grundhaltung, desto weniger Toleranz müssen wir üben. Denn das (lateinische) *tolerare* heißt genaugenommen: *ertragen, erleiden, erdulden!* Wenn Sie also eine andere Meinung (bzw. ein anderes Weltbild, eine andere Haltung) gelten lassen können, ohne dabei zu *leiden,* dann ist es eine Frage der Liberalität, nicht der Toleranz.

Und gerade weil Toleranz (im wahrsten Sinne des Wortes) »wehtut«, gerade deshalb neigen wir oft zur Intoleranz. Dies gilt um so mehr, je müder (gestreßter, nervöser) wir gerade sind, denn dann haben wir kaum noch Energien »übrig«; und Toleranz kostet natürlich immer Kraft. Je größer der Widerstand (Schmerz), den der andere mit seiner *Abweichung* von dem, was wir für richtig halten, auslöst, desto mehr Kraft kostet es! Dann sagen wir z.B.

- Das sehen Sie falsch![1]
- Das darf man nicht so eng sehen.

---

[1] Variationen hierzu sind: *Du spinnst doch!* oder: *Du hast sie ja nicht mehr alle!* und ähnlich höfliche Formulierungen, die wohl eher im Privatbereich geäußert werden!

- Das stimmt aber nicht.
- Das gibt es nicht!
- Hier irren Sie aber, mein(e) Liebe(r)!
- Aber das ist doch *schön* (häßlich)![2]

Fragen Sie sich einmal ehrlich, wie häufig (oder gar regelmäßig) Sie selbst zu Bemerkungen wie den oben angeführten neigen? Und fragen Sie sich weiter, welche Ihrer regelmäßigen Kommunikationspartner (beruflich wie privat) regelmäßig so reagieren?

Woher nehmen wir (oder diese Mitmenschen) eigentlich das Recht, so *vorschnell* davon auszugehen, unsere (Wahrnehmung der) Wirklichkeit sei »die einzig richtige«, und der andere sähe das »falsch« oder »zu eng« oder was auch immer? Dies betrifft übrigens uns Deutsche in ganz besonderem Maße. Deshalb finden Angehörige anderer Kulturkreise die Kommunikation mit uns manchmal recht schwierig. Hier nur zwei Beispiele, die *stellvertretend* für viele stehen:

1. Angelsachsen

Engländer mit ihrer typischen Redewendung *Let's agree to differ* scheinen es weit leichter zu finden, sich darauf zu einigen, daß man sich (in diesem einen Punkt, um den es gerade

[2] Hiermit ist jede Art der absoluten Äußerung gemeint, mittels derer man eine subjektive Empfindung (Meinung) so hinstellt, als habe sie universelle Gültigkeit. Also alle Aussagen, die z.B. unseren Geschmack zum Ausdruck bringen, oder unseren philosophisch-religiösen Standpunkt, unsere politische Überzeugung etc.

geht) nicht unbedingt einigen muß. Interessanterweise haben mir viele Engländer gesagt, daß sie mit Deutschen weit mehr Probleme (bei unterschiedlichen Standpunkten) hätten, wenn deutsch gesprochen würde. Denn genauso wie uns im Deutschen die Redewendung *Let's agree to differ* fehlt, genauso unmöglich ist es, typisch deutsche Sätze (wie *Das sehen Sie falsch*) ins Englische zu übertragen! Was nicht heißt, daß es nicht schon versucht worden wäre: *You see this wrongly* oder: *You must not see this so narrowly* u.ä. Sie können sich vorstellen, welche Selbstkontrolle jemand, der so mit einem Kunden in England verhandelt, von seinem Verhandlungspartner fordert, wenn dieser dabei keine Miene verziehen soll ...

Im Deutschen fehlt uns nicht nur so eine griffige Redewendung, sondern auch das Konzept, für das sie bei den Angelsachsen steht! Deshalb habe ich mir erlaubt, einen Begriff zu erfinden, welcher (seit der 6. Auflage) in dem mvg-Taschenbuch *Kommunikationstraining* enthalten ist: Dort schlage ich vor, wenn die *Einigung* nicht möglich scheint und wir eine *Entzweiung* unbedingt vermeiden wollen, eine **Zweinigung** anzustreben. Diese entspricht dem angedeuteten angelsächsischen Konzept. Es freut mich, daß viele meiner Seminar-Teilnehmer sich inzwischen immer häufiger zweinigen!

2. Japaner

Auch japanische Manager, die hier in Deutschland deutsche Mitarbeiter zu führen haben, klagten mir ihr Leid. Denn während der Angelsachse für Sturheit, Rechthaberei u.ä. wenigstens noch Worte hat, weil auch Angelsachsen »so« sein können, fehlt dem Japaner hier sogar das *Konzept* für einen Menschen, der auf einer (seiner) Meinung beharrt. Für Japaner kann alles immer »auch anders« sein; deshalb ist es oft so schwierig, Konsens zu erarbeiten! Ich glaube, daß die Sprache (die unser Denken weit mehr prägt, als man normalerweise ahnt) der Japaner die Wurzel ihrer unerhörten Flexibilität aufzeigt. Denn im Japanischen gibt es keinerlei grammatikalischen Unterschied zwischen Ein- und Mehrzahl, das Wort (folgende Abbildung) kann sowohl heißen: *ein Schüler* (Lehrling) oder aber *einige Schüler* (Lehrlinge).

弟

Dasselbe gilt im Japanischen natürlich für alle Wörter, also auch abstrakte Begriffe wie: (die oder *meine*) Meinung, *die* Wirklichkeit etc.

Training zu mehr Toleranz

Nun schlage ich vor, die Fähigkeit zur Toleranz zu trainieren. Wobei natürlich gilt, daß alle Bereiche, in denen unsere »tolerante« Haltung nicht mehr »wehtut«, zur Liberalität geworden sind. Das heißt: Je »liberaler« wir werden, desto weniger müssen wir tatsächlich *ertragen, erleiden, erdulden!*

Das folgende Training kann Ihnen helfen, einige Ihrer (vielleicht häufig eingesetzten) Kommunikations-Angewohnheiten auf möglicherweise hemmende Elemente hin zu überprüfen. Firmeninterne Gespräche (wie auch die Erfahrung von Familientherapeuten) zeigen nämlich immer wieder, daß sich die meisten Menschen *von anderen* gehemmt und blockiert fühlen. Und da die meisten Menschen in ihrem Selbstwertgefühl *nicht* so gefestigt sind, wie es gut für sie wäre, lassen sie sich relativ leicht hemmen und/oder blockieren. Inwieweit tun auch Sie das? Lesen Sie weiter!

Kommunikationsangewohnheiten

Der in diesem Kurs an anderer Stelle (Abschnitt *Paraphrase,* Seite 51) zitierte GORDON hat einige typische Kommunikationsangewohnheiten definiert, auf welche zu achten sich lohnen wird. Und zwar hilft dieses Wissen uns, nicht nur »im allgemeinen«, sondern gerade im Sinne eines Pro-Toleranz-Trainings. Denn es wird keineswegs leicht sein, diese Angewohnheiten abzubauen.
Aufgabe: Gehen Sie das folgende Zitat aufmerksam durch (wenn Sie jetzt in Eile sind, heben Sie sich die Aufgabe für später auf!) und versuchen Sie, diejenigen Gewohnheiten herauszufinden, die Sie selbst am häufigsten ausleben. (Hier könnte das Urteil von Menschen, denen Sie vertrauen, äußerst hilfreich sein.) Danach bemühen Sie sich *systematisch* darum, jeweils ca. zwei Wochen lang auf nur eines dieser Charakteristika zu achten! Damit entwickeln Sie ein unglaubliches Gespür dafür, in welcher Art von Situation andere Menschen (und natürlich auch Sie selbst) beson-

ders stark dazu neigen. Danach können Sie langsam und vorsichtig damit beginnen, diejenige Angewohnheit »abzubauen«, die Sie als erstes besiegen wollen. Wobei Sie sich immer nur eine oder zwei gleichzeitig vornehmen, die Sie sich dann im Sinne des *Stabilisierungstrainings* (Kategorie WERDEN) abgewöhnen werden.

Kommunikationssperren (nach Thomas GORDON)[3]

Zwölf solcher Sperren gibt es. Ich zähle sie auf und füge ihnen jeweils einige Beispiele hinzu:

1. Befehlen, anordnen, auffordern
Sie müssen das tun!
Sie können das nicht tun!
Ich erwarte von Ihnen, daß Sie dies tun!
Hören Sie auf damit!

2. Warnen, mahnen, drohen
Sie hätten besser dies oder das getan ...
Wenn Sie das nicht getan hätten, wäre ...
Das hätten Sie besser unterlassen.
Ich warne Sie, wenn Sie das tun ...

3. Moralisieren, predigen, beschwören
Sie sollten das tun!
Das sollten Sie versuchen!
Sie sind verpflichtet, es zu tun!
Sie sind gezwungen, es zu tun!
Ich wünsche, daß Sie es tun!
Ich bitte Sie, es zu tun!

[3] Auch dieses Buch könnte eine hervorragende »flankierende Maßnahme« zu diesem Kursus sein, wenn Sie mehr in die Tiefe gehen wollen: *Managerkonferenz – Effektives Führungstraining*.

4. Beraten, Vorschläge machen, Lösungen liefern

Nach meiner Auffassung sollten Sie dies oder das tun ...
Wenn Sie mich fragen ... es wäre am besten für Sie, wenn Sie ...
Warum versuchen Sie es nicht mal auf andere Art?
Die beste Lösung ist ...

5. Durch Logik überzeugen, Vorträge halten, Gründe anführen
Sind Sie sich darüber im klaren, daß ...
Die Tatsachen sprechen dafür, daß ...
Lassen Sie mich die Fakten darlegen.
So wäre es richtig!
Die Erfahrung sagt uns, daß ...

6. Urteilen, kritisieren, widersprechen, Vorwürfe machen
Sie handeln töricht!
Sie sind auf dem falschen Weg!
Sie haben es falsch gemacht!
Sie haben unrecht!
Wie dumm von Ihnen, so etwas zu sagen!

7. Loben, zustimmen, schmeicheln
In der Regel haben Sie ein sicheres Urteil.
Sie sind ein intelligenter Mensch.
Sie haben große Fähigkeiten.
Sie haben enorme Fortschritte gemacht.
Bisher haben Sie es immer geschafft.

8. Beschimpfen, lächerlich machen, beschämen
Sie arbeiten nachlässig.
Sie können keinen klaren Gedanken fassen.
Sie reden, als hörten Sie das erste Mal von der Sache.
Sie stellen sich wirklich töricht an!

9. Interpretieren, analysieren, diagnostizieren
Das sagen Sie, weil Sie ärgerlich sind.
Sie sind eifersüchtig.
Was Sie wirklich brauchen, ist ...
Sie haben Autoritätsprobleme.
Sie wollen Eindruck schinden.
Sie sind ein bißchen paranoid.

10. Beruhigen, Sympathie äußern, trösten, aufrichten
Morgen werden Sie anders darüber denken.
Es wird schon besser werden.
Die Dinge sehen immer schlimmer aus, als sie sind.
Auf Regen folgt Sonnenschein.
Nehmen Sie sich das doch nicht so zu Herzen.
So schlimm ist es doch gar nicht.

11. Forschen, fragen, verhören
Warum haben Sie das getan?
Wie lange sind Sie schon dieser Auffassung?
Was haben Sie getan, um eine Lösung zu finden?
Haben Sie es mit irgend jemand besprochen?

Wann sind Sie sich dieser Einstellung bewußt geworden?
Wer hat Sie beeinflußt?

12. Ablenken, ausweichen, aufziehen
Das hat doch auch sein Gutes.
Kommen Sie erst mal wieder zu sich, bevor Sie sich darüber Gedanken machen.
Lassen Sie uns zum Essen gehen und es vergessen.
Das erinnert mich an die Zeit, als ...
Sie haben vielleicht Probleme!

Implizit (und manchmal ganz explizit) drückt sich in diesen zwölf Kategorien von Hörerantworten der Wunsch oder die Absicht aus, den Sender zu verändern, statt ihn zu akzeptieren.

Später folgt ein anderer Abschnitt in GORDONs Buch, der Ihnen sicher ebenfalls sehr helfen kann. Es geht dabei um die Frage, wie Sie sich in der Konfrontation mit Mitarbeitern verhalten. Wenn Sie keine Führungskraft sind, dann denken Sie bitte an Situationen, in denen Sie sehr wohl »Führungskraft« sein müssen: Mit Ihren Kindern, mit Service-Leuten (z.B. Handwerkern), mit Freunden, die Ihrer Meinung nach Ihrer (An)Leitung bedürfen etc.

Zusatz-Möglichkeit: Statt nur zu lesen, könnten Sie den folgenden Text mit einem Blatt Papier ab- und zeilenweise aufdecken. Denn GORDON berichtet im folgenden Textabschnitt über typisches Führungsverhalten (in einem Seminar bei einer Aktivität, bei der

viel gesprochen wurde). Anschließend identifiziert der Autor das Kommunikationsverhalten (gemäß der oben beschriebenen Aufstellung). Nun biete ich Ihnen seine Gedanken so an, daß Sie vor der Identifikation jeweils einen Bleistift mit Leerzeile (zum Hineinschreiben) finden, damit Sie zuerst üben können, diese Kommunikationsangewohnheit *einzuordnen*. Dann sehen Sie die Antwort des Autors. Beispiel:
»Wenn Sie auf unseren Meetings weiterhin alle Leute unterbrechen, machen Sie sich unbeliebt.«

(Warnen, drohen)

Also, haben Sie Ihren Stift griffbereit? Dann gehen Sie jetzt bitte das zweite Zitat von GORDON an (bzw. überblättern Sie diesen Teil schnell, falls Sie die Übung erst später durchführen wollen)!

Übungen

»Lassen Sie doch die anderen um Himmels willen aussprechen, Bill, bevor Sie Ihren Senf dazugeben. Reden Sie nicht so viel!«

(Befehlen, Anleiten)

»Es ist ein einfaches Gebot der Höflichkeit, Bill, die anderen ausreden zu lassen, bevor man selbst das Wort ergreift.«

(Moralisieren, predigen)

»Gott hat uns mit zwei Ohren, aber nur mit einem Mund ausgestattet. Wir können also zweimal so viel zuhören wie reden.«

(Belehren, Vorträge halten)

»Ich würde Ihnen vorschlagen, Bill, daß Sie sich auf dem nächsten Mitarbeitertreffen solange zurückhalten, bis alle anderen fertig sind.«

(Ratschläge geben, Lösungen anbieten)

»Sie verhalten sich bei unseren Treffen wirklich unhöflich, Bill.«

(Kritisieren, urteilen)

»Ich weiß, Bill, daß Sie sehr intelligent sind und gute Einfälle haben, aber geben Sie in unseren Diskussionen auch den anderen eine Chance.«

(Loben, schmeicheln)

»Sie führen sich auf unseren Meetings auf, als seien Sie Herr Schlaumeier persönlich.«

(Spotten)

»Ich bin sicher, daß Sie diese schlechte Gewohnheit, uns ständig zu unterbrechen, ganz leicht ablegen können.«

(Beruhigen)

»Ich glaube, Sie mißbrauchen unsere Meetings dazu, den Riesenschatz Ihrer Erfahrung und Ihres Wissens vor uns auszubreiten.«

(Analysieren)

»Warum müssen Sie das Gespräch so an sich reißen und jedermann unterbrechen?«

(Forschen, Verhören)

»Bill, Sie sind viel zu schüchtern in unseren Meetings – immer enthalten Sie uns Ihre Auffassungen vor.«

(Sarkasmus, scherzen)

Ende Zitate GORDON (Seite 101/102)

Im Seminar stelle ich immer wieder fest, daß die letzten beiden Aufgaben manche Teilnehmer sehr nachdenklich stimmen. Die nachfolgende Diskussion ergibt dann oft, daß die meisten Menschen sich zu selten wirklich intensiv mit ihrem eigenen Verhalten auseinandersetzen, und daß kaum jemand versucht, seine Selbst- und Menschenkenntnis systematisch auszubauen. Wenn Sie jetzt ähnlich empfinden, dann werden Sie den folgenden Übungsteil besonders schätzen, denn er bietet Ihnen genau hierzu die Möglichkeit.

Die folgenden Aufgaben basieren auf der Annahme: *Je weniger man sich selbst kennt, desto weniger kann man sich auf andere einstellen.* Denn was einem unbekannt oder fremd ist, dafür hat man bei anderen weder Verständnis (rational) noch Einfühlungsvermögen (emotional). Will (oder muß) man jedoch mit den unterschiedlichsten Menschen »gekonnt« kommunizieren, dann werden natürlich auch Mitmenschen dabei sein, die »anders« sind (denken, handeln, fühlen). Womit wir wieder bei der oft fehlenden Toleranz sind (wenn uns schon die nötige Liberalität fehlt).

Nun meine ich, daß ein Mensch, der sich relativ gut kennt, durch dieses Wissen einen *festen inneren Halt hat,* so daß eine abweichende Meinung oder eine andere Interpretation der sogenannten Wirklichkeit ihn nicht gleich beunruhigt. Aber auch das Gegenteil scheint zu stimmen: Menschen, die sich nie bewußt mit sich und anderen befassen, werden leicht verunsichert, wenn ihre Mitmenschen (z.B. Kunden) »anders« reagieren als erwartet.

Daher möchte dieser Abschnitt Ihnen Möglichkeiten geben, Ihr Wissen um sich selbst zu vertiefen und andere (mit denen Sie z.B. die unten angebotene Partnerübung durchführen) besser kennenzulernen.

Satz-Ergänzungsaufgaben

Die erste Übung (unten) kennen Sie vielleicht schon vom Fernsehen her: Wenn Sie die Sendung schon gesehen haben, in der zwei Journalisten einen Politiker »auf's Korn« nehmen, dann erinnern Sie sich vielleicht, daß hier gerne mit *Satzanfängen* gearbeitet wird. Der Journalist sagt zum Beispiel: »Was ich auf den Tod nicht leiden kann ...« und der Politiker soll den Satz (auf sich selbst bezogen) möglichst ohne Denkpause vervollständigen. Beispiel: »Was ich auf den Tod nicht leiden kann, sind Journalisten, die einem das Wort im Mund herum drehen«, oder: »Was ich auf

den Tod nicht leiden kann, ist, wenn die Leute annehmen, Politiker müßten perfekt sein!« oder ähnlich.
Die Aufgabe ist von der Natur der Sache her zunächst einmal eine *Partnerübung,* aber wir haben sie in Seminaren schon als Einzeltraining eingesetzt. Dies will ich Ihnen auch zuerst vorstellen:

Satzergänzung: Solo-Übung

Hier wird man den Satzanfang natürlich nicht *hören,* sondern man wird ihn (im Text, unten) lesen und sollte dann bitte *sofort* die eigene erste, spontane Reaktion notieren (z.B. gleich hier in die Randspalte).
Anschließend kann man über diese Erstreaktionen einmal nachdenken! Somit fördert die Solo-Aufgabe Ihre Selbsterkenntnis.

Allerdings kann dieses Nachdenken auch zutage bringen, daß man mit *mehr Zeit zum Reflektieren* im zweiten Ansatz eine andere Antwort geben möchte; vielleicht sogar eine, die von der ursprünglichen *stark* abweicht! Dies ist insbesondere dann der Fall, wenn man spontan eine »alte« Antwort gegeben hat, im nachhinein aber merkt, daß sich hier inzwischen eine Einstellung gewandelt hat, daß diese neue Einstellung jedoch noch nicht »tief gefestigt« ist. So sagte mir einmal ein Teilnehmer nach einer Übung:
Auf den Satzanfang »Wenn ich mein Leben noch einmal leben könnte« hatte ich zunächst spontan geschrieben: »... würde ich alles anders machen!« Beim Nachdenken ergab sich jedoch, daß das überhaupt nicht stimmt. Ich habe zwar einige größere Fehler in meinem

Leben gemacht, aber im großen und ganzen würde ich doch fast alles wiederholen wollen, wenn ich die Chance hätte.

Dieser Teilnehmer hatte nämlich im Seminar festgestellt, daß seine Selbstwertprobleme nicht auf wirkliche Unfähigkeit seinerseits zurückzuführen waren, sondern darauf, daß er sich selbst weit negativer eingeschätzt hatte als andere Menschen ihn beurteilten. Diese Erkenntnis führte zu einem Umdenkprozeß. Die neue Haltung sich selbst gegenüber war aber zum Zeitpunkt der Übung noch nicht so gefestigt, daß sie in die erste schnelle, spontane Antwort eingeflossen wäre!

Es folgen einige Vorschläge für Satzanfänge, die man allein, aber auch zu zweit vervollständigen kann:

Mögliche Satzanfänge

»Was ich auf den Tod nicht leiden kann ...«
»Was ich mir sehnlichst wünsche ...«
»Wenn ich mein Leben noch einmal leben könnte ...«
»Was ich immer schon wissen wollte ...«
»Was ich fürchte ...«
»Was ich liebe ...«
»Worüber ich mich ganz furchtbar freuen würde ...«
»Wenn ich einen Wunsch frei hätte ...«
»Was mich an vielen Menschen stört ...«
Natürlich können die Fragen auch etwas komplexer sein:
»Wenn ich soviel Geld hätte, daß ich bequem von den Zinsen leben könnte, würde ich sofort ...«
»Wenn ich eine berühmte Persönlichkeit kennenlernen könnte, so wäre das ..., weil ...«

Sicher finden Sie noch viele Denkansätze dieser Art, wenn Sie beginnen, sich selbst Fragen auszudenken (bzw. Ideen anderer hier zu sammeln).

Solo-Variante

Man könnte z.B. auch solche und ähnliche Fragen auf kleine Kärtchen schreiben, die man immer (oder meistens) dabei hat (Gummiband ersetzt »Karteikasten«). Wenn man gerade ein wenig Zeit zur Selbst-Reflexion erübrigen kann, zieht man (blind) *irgendeine* Karte aus dem Stoß und denkt über diese Frage nach …

Satzergänzung: Partnerübung

Geht man die Satz-Ergänzungs-Aufgaben mit einem Partner an, so fördert sie nicht nur die Selbsterkenntnis, sondern auch die Fähigkeit, über persönliche Gedanken (Hoffnungen, Befürchtungen etc.) zu sprechen. Außerdem werden die Reaktionen des Partners weitere Einsichten in die Wirkung, die man auf andere hat, ermöglichen. Diese Übung findet sich übrigens auch in einem Buch, das ich Ihnen empfehlen möchte.[4]

Der Autor bietet eine Reihe von Satzanfängen an, welche für die Partnerübung geeignet sind, falls Ihnen (gerade) keine eigenen Anfänge einfallen, die Sie gerade an *diesem* Partner »ausprobieren« möchten. Übrigens rät

[4] Es enthält ausschließlich Übungen, die Ihre Sensibilität für Wahrnehmbares (sowohl aus dem Inneren, als auch in der Umwelt sowie für beobachtbare Signale Ihrer Mitmenschen) enorm steigern werden: *Die Kunst der Wahrnehmung,* John O. STEVENS, Chr. Kaiser Verlag, München 1975.

STEVENS, pro Sitzung nur *einige wenige* solcher Satzanfänge zu ergänzen, dafür aber die Antworten anschließend ausgiebig zu diskutieren! Denn gerade in der Diskussion liegt *ein* wesentlicher Nutzen dieser Aufgabe. Es dürfte klar sein, daß diese Übungen einen Partner erfordern, zu dem Sie Vertrauen haben. Am besten lesen Sie die möglichen Satzanfänge jetzt einmal durch und entscheiden dann anschließend, mit wem Sie die Übung später einmal durchführen können.

»Ich weiche dir aus, indem ich ...«
»Ich werde nicht ...«
»Ich habe dich in der Hand durch ...«
»Was ich jetzt verschweige, ist ...«
»Ich tue so, als ob ...«
»Um mir einen Gefallen zu tun, würde ich ...«
»Ich weigere mich, zu ...«
»Mich regt dein ... auf«
»Ich fürchte, du wirst meinen, ich sei ...«
»Ich würde dir gern ... geben«
»Wenn ich dir sagen würde, was ich jetzt empfinde ...«
»Wenn ich jetzt impulsiv handeln könnte ...«
»Ich sabotiere deine Beziehung durch ...«
»Ich vermeide ...«
»Es ist mir klar, daß ...«
»Wenn ich gegen dich jetzt ehrlich wäre, würde ich sagen ...«
»Was ich von dir erwarte, ist ...«
»Wenn ich verrückt wäre, würde ich ...«
»Ich gestatte dir ...«
»Jetzt aber bin ich ...«
»Ich möchte, daß du ...«

»Ich befürchte jetzt, daß ...«
»Wenn mir die Galle überläuft, deinetwegen ...«
»Tu das ja nicht ...«
»Ich könnte dir einen Schreck einjagen ...«
»Ich möchte dir mitteilen, daß ...«
»Wenn ich dich anrühre ...«
»Ich erwarte, daß du ...«
»Ich möchte dir einen Gefallen tun, indem ich ...«
»Ich halte dich mir vom Leibe, indem ich ...«
»Ich würde mich dir ja gerne zu erkennen geben, wenn ...«
»In den nächsten paar Minuten erwarte ich, daß ...«
»Ich weigere mich hinzunehmen, daß ...«
»Ich wiederhole ...«

Was gibst du vor? Partnerübung
(nach STEVENS)
Eine weitere Übung aus dem Buch von STEVENS könnten Sie ebenfalls in Erwägung ziehen, wenn Sie sich um möglichst ehrliche Kommunikation mit einigen Menschen in Ihrem Familien- oder Freundeskreis bemühen wollen. Sie sieht wie folgt aus:

Setzen Sie sich zu zweit einander gegenüber und schauen Sie sich an. Entscheiden Sie rasch, wer A und wer B sein will. In den nächsten vier Minuten möge A seinen Partner fragen: »Was gibst du vor?« und B möge mit einem vollständigen Satz antworten, der mit: »Ich gebe vor …« anfängt, etwa: »Ich gebe vor, mehr Selbstvertrauen zu haben, als es der Fall ist.« A sagt: »Danke«, und wiederholt die Frage: »Was gibst du vor?« Sagen Sie sonst nichts und erörtern Sie nicht, was Sie tun.

In den nächsten vier Minuten ist B der Frager. »Was gibst du vor?«, und A antwortet: »Ich gebe vor …« Machen Sie so weiter. Besprechen Sie Ihre Erlebnisse …

(Am Anfang einer Übung können diese Vervollständigungen der Sätze mehr oder weniger produktiv und/oder bedrohlich gestaltet werden – je nach der Wahl des Partners … mit dem die Zweier-Übung gemacht werden soll. Suchen Sie einen Partner, den Sie mögen, nicht mögen, der Ihnen fern oder nahe steht, dem Sie trauen oder mißtrauen, den Sie fürchten, der Anziehungskraft hat usw.)

Hier noch einige Vorschläge für Sätze, die sich besonders für diese Übung eignen:

»In welcher Art bist du mir ausgewichen?«
»Was befürchtest du von mir?«
»Was lehnst du an mir ab?«
»Worin übst du Macht über mich aus?«
»Was verschweigst du mir?«
»Was hättest du gern, das ich tun soll?«
»Wie hältst du mich dir fern?«
»Was siehst du, wenn du mich anschaust?«
(Ende Zitate STEVENS)

Variationen

Natürlich gilt auch hier der Grundsatz, daß Ihre Mitspieler oft ähnliche Übungen kennen und anbieten wollen, so daß allein die Tatsache, daß man mit verschiedenen Menschen solche (oder ähnliche) Aufgaben angeht, zu weiteren Übungsideen führt. Am besten tragen Sie solche jeweils links von der Übung ein, der die neue Aufgabe ähnelt. Auf diese Weise »wächst« dieses Weiterbildungsseminar ähnlich mit wie die Seminarunterlagen von Teilnehmern »echter« Seminare auch!

5. Knigge 2000

Das hat sich der gute Freiherr Adolf von KNIGGE wohl kaum erträumt, daß sein Name quasi zu einem Synonym für Höflichkeit werden würde, und daß seine Schrift *Über den Umgang mit Menschen* auch heute in jedem Buchladen zu kaufen ist! Allerdings hätte es ihn sicher außerordentlich gefreut! Wissen Sie vielleicht, wann sein Werk ursprünglich erschien? (Die Antwort finden Sie in diser Fußnote[1].)

Nun sagen meine Seminarteilnehmer immer, daß gerade in den letzten 20 Jahren die Höflichkeit sehr abgenommen habe. Zwar stimmt das; aber wir wissen auch, daß die alten Griechen bereits ähnliche Klagen führten. Es ist doch wohl eher so: Einerseits zerfallen immer *einige* »gute« Sitten, die dann vor allem den Älteren fehlen, die ihrerseits als Kinder noch so erzogen wurden und sich jetzt betrogen fühlen. Wenn man als Mädchen immer brav »gnädige Frau« sagen mußte, und jetzt ist man selbst eine Frau, aber kein Mensch benutzt diese Anrede mehr, dann »fehlt« einem schon etwas. Auf der anderen Seite hätte der gute alte Freiherr uns damals noch keine Ratschläge für das optimale Miteinander am *Telefon* (s. unten) anbieten können! Wobei in absehbarer Zeit eine Art Knigge für elektronische Medien fällig wäre …

[1] Viele Seminarteilnehmer stellen sich KNIGGE immer als »alten Mann« vor. Insbesondere meinen sie, daß er sein Buch sicher als Greis geschrieben hätte. (Das glauben vor allem diejenigen, die es tatsächlich gelesen haben.) Aber so war es nicht! Der Freiherr lebte von 1752 bis 1796. Sein Buch erschien bereits 1788, also schrieb er es im »zarten« Alter von 36 Jahren!

Der nun folgende Abschnitt enthält einige Tips, die das Miteinander um sehr viel angenehmer machen können. Sicher werden Sie den einen oder anderen sowieso bereits anwenden, aber meine Seminarteilnehmer stellen regelmäßig fest, daß sie mindestens zwei der folgenden Gedanken in der Vergangenheit *zuwenig* (oder gar nicht) aktiv angewendet haben (auch wenn sie diese theoretisch durchaus »richtig« fanden). Wir wissen so manches, handeln aber nicht danach.
Daher hoffe ich, daß auch Sie das eine oder andere finden werden, was Ihnen hilft, Ihre tägliche Kommunikationspraxis noch etwas zu verfeinern. Desweiteren könnte so mancher dieser Tips für andere Menschen in Ihrer Umgebung (beruflich wie privat) hilfreich sein, falls Sie selbst schon alles beherzigen sollten ...?

Knigge Nr. 1: Nennen Sie die Leute doch bitte beim Namen!

Hand auf's Herz: Wir alle wissen das! Viele Leute (vor allem Berater) behaupten jedoch gerne, sie hätten so ein schlechtes Namensgedächtnis, aber das ist nicht das eigentliche Problem.

Wie ich in meiner Drei-Schritt-Methode zum Namensgedächtnis in: *Stroh im Kopf? – Gebrauchsanleitung für's*

Gehirn aufzeige, liegt das Problem nicht bei den ersten beiden Schritten (die mit Gedächtnis zu tun haben), sondern beim dritten. Denn es gilt, den Namen eines neuen Gesprächspartners jetzt gleich mehrmals *aktiv* einzusetzen. Und genau da fehlt es in der Regel. Warum? Weil wir auch Menschen, deren Name uns wohlvertraut ist, oft *nicht* beim Namen nennen! Wie wir überhaupt zuwenig »Anrede« im Deutschen verwenden, seit es die »gnädige Frau« und den »werten Herrn« nicht mehr gibt. Wenn Sie sich einmal mit anderen Sprachen befaßt haben, dann wissen Sie:

- Im Englischen sagt man regelmäßig Sir oder Ma'm, wenn man den Namen nicht kennt *(Good morning, Ma'm. May I help you, Sir?)*.
- Im Italienischen ist es höchst unhöflich, nicht mindestens *signore* oder *signora (signorina)* zu sagen, wenn man mit Fremden spricht *(Subito, signore),* während man Menschen, deren Titel bekannt ist, auch so anredet *(Buon giorno, dottore!)*.
- Im Französischen ist es sehr strikt. Wie oft Deutsche dort auch hören: *comment allez-vous, monsieur (madame)?,* stellen sie selbst die Frage meist ohne die Anrede; eben weil sie dies so gewöhnt sind.
- In manchen Kulturkreisen geht man sogar einen Schritt weiter: So ist es im Arabischen auch heute noch notwendig, bei einer Anrede vor den

Namen ein »oh« zu setzen. So sagt man *YAA Ahmad YAA sayyidii* (oh mein Herr).

- Je tiefer Sie in das Innere Afrikas eindringen, desto komplexer und formeller werden die Regeln der Anrede. So gibt es bei den akkadischen Stämmen eine Regelung, derzufolge man nie etwas sagen darf, wenn man den Gesprächspartner nicht zuerst mit *Oh du* (plus Name) angerufen und *abgewartet* hat, bis er mit einem *Ja, oh* (Name) seine Bereitschaft zuzuhören ausgedrückt hat. Anthropologen erklären dies: Die Seele des Angesprochenen könnte gerade beschäftigt sein, deshalb muß man quasi verbal »anklopfen«, ehe man mit einer Person spricht.

Gerade dieser letzte Gedanke sollte uns nachdenklich machen. Sind das doch angeblich »unzivilisierte« Menschen; aber es scheint, daß wir in punkto Kommunikation einiges von ihnen lernen könnten ...

Wenn nun jemand das Glück hatte, in einem Kulturkreis aufzuwachsen, in dem eine richtige Anrede zur Gewohnheit gehört, dann wird er diese Angewohnheit automatisch auch in andere Sprachen übertragen. Wenn man aber in Deutschland aufgewachsen ist, steht man etwas benachteiligt da. Wir können diese Gewohnheit mit einer Fremdsprache vergleichen: Jemand, der (wie im Französischen) *zwei* Wörter braucht, um eine Negation auszudrücken *(ne ... pas),* der wird sich schwertun in einer anderen Sprache, weil ihm immer

etwas »fehlt«, wenn er mit nur einem Begriff verneinen soll. Er hat, wie die Sprachforscher sagen, einen *Platzhalter* für diese zweite Hälfte der Verneinung. Ähnlich haben Menschen anderer Kulturkreise einen *Platzhalter* für Namen, Anrede oder andere höfliche Aspekte, der uns im Deutschen weitgehend fehlt. Wer normalerweise sagt: »Hast du meine Brieftasche gesehen?«, statt: »*Du, Maria,* hast du ...?«, dem *fehlt ja nichts,* wenn er den Namen neuer Gesprächspartner (noch) nicht weiß! Und das ist des Pudels Kern!
Sicher sind wir uns einig, daß es *besser* wäre, Namen aktiv einzusetzen. Wir selbst wissen es ja auch zu schätzen, wenn andere *uns* mit Namen ansprechen.

Aufgabe:

Üben Sie sich darin, alle Menschen, deren Name Ihnen vertraut ist, mit demselben anzureden. Dazu brauchen Sie ungefähr sechs Wochen. Erst danach hat es überhaupt einen Sinn, sich über Ihr (angeblich so schlechtes?) Namensgedächtnis Gedanken zu machen.

Tip: Unten finden Sie das arabische Schriftzeichen für NAME. Fotokopieren Sie es mehrmals und befesti-

gen Sie es an Stellen, auf die Ihr Auge regelmäßig fallen wird.[2] Beispiele:

- An Ihrem *Aktenkoffer* (innen, so daß es Ihnen beim Öffnen automatisch »ins Auge fällt« und Sie an Ihren guten Vorsatz erinnert,
- am *Schreibtisch,* so daß Sie es beim *Telefonieren* (beim *Diktieren* von Briefen) regelmäßig sehen (denn auch im Brief kann man den Empfänger *öfter* mal mit Namen ansprechen),
- im *Auto,* denn erstens unterhalten Sie sich ja auch dort (ab und zu) mit Mitfahrern, zweitens sehen Sie das Schriftzeichen (z.B. an der Ampel), Sie werden also regelmäßig an Ihren Vorsatz erinnert,
- in der *Konferenz-Ecke* (im Konferenzraum) bzw. wo Sie Meetings abhalten oder Kunden (Mitarbeiter) empfangen,
- *zuhause* in *sämtlichen Räumen,* (damit Sie auch Familienmitglieder/Freunde in Ihr Training einbeziehen!).

Natürlich können Sie jede Art von Symbol nehmen, solange es Sie an Ihr Vorhaben erinnern wird. Aber das arabische Schriftzeichen hat sich bereits recht gut bewährt. *Sie* wissen ja, was es »heißt«, andere sehen darin eher eine Art Dekoration, wenn Sie es überhaupt wahrnehmen; die meisten Menschen sehen ja nur, worauf sie »vor-programmiert« sind (vgl. auch den Abschnitt *Charley Whoop!*).

[2] Tip eines Teilnehmers: Er hat alle Fotokopien kreisrund geschnitten und mittels wasserdichter Folie so raffiniert auf den diversen Gegenständen angebracht, daß sie wie kommerzielle *Sticker* wirken!

Knigge Nr. 2: Telefon-Tips

Es folgen einige Tips zum Telefonieren: Prüfen Sie bitte, welche für Sie möglicherweise von Nutzen sein könnten.[3]

Telefon-Tip 1: Der Spiegel

Befestigen Sie einen kleinen Spiegel so, daß Sie beim Telefonieren zwangsläufig öfter hinein blicken.[4] Und machen Sie sich auf einen *Schock* gefaßt: Die meisten Menschen sind entsetzt, wie oft sie mißmutig die Mundwinkel hängen lassen. Kein Wunder, daß ihre Stimme dann auch dementsprechend unfreundlich klingt.

Telefon-Tip 2: Smile!

Wenn das Telefon klingelt, während Sie wählen oder wenn Sie auf eine Verbindung warten müssen: *Lächeln Sie!*
Es ist vollkommen egal, wie verkrampft die Grimasse sein mag, die möglicherweise dabei herauskommt! Zwingen Sie sich, Ihre Mundwinkel einige Sekunden lang oben zu halten. Dadurch wird ein Nerv[5] in der Wangengegend »gedrückt«, was das Gehirn zu der falschen Schlußfolgerung verleitet, Sie hätten

[3] Denken Sie auch an Personen, die viel für Sie (Ihre Firma) telefonieren! Vielleicht könnte man erreichen, daß auch diese sich an diejenigen der folgenden »Spielregeln« halten, die Sie auswählen?

[4] Teilnehmer-Tip: Sein Spiegel hat genau die Größe einer Kunstpostkarte, die ihn verdeckt. So kann er zwischendurch immer wieder einmal den Spiegel benützen, aber normalerweise sieht man diesen nicht!

[5] Der sogenannte *zygomaticus major*

wirklich gelächelt. Dieses Pseudo-Lächeln geht mit diversen bio-logischen Aspekten einher! Diese wiederum bewirken psycho-logisch einige Veränderungen und schon wird man viel lieber mit Ihnen telefonieren!

Übrigens wirkt so ein SMILEY
(= das lächelnde Gesicht hier)

enorm positiv auf das Gemüt! Vielleicht könnten Sie dafür sorgen, daß Sie öfter mal einen zu Gesicht bekommen? Diese Wirkung ist ebenfalls bio-logischer Natur (bereits die geschwungene Linie des »lächelnden« Mundes löst positive Reaktionen aus), wie man seit einiger Zeit weiß. Deshalb tragen in Amerika viele Dienstleistende (z.B. Angestellte einer Wagen-Vermietung) solche SMILEYs als *button* (ansteckbar!) an ihren Uniformen. Schlimm ist es nur, wenn das Gesicht darüber im krassen Widerspruch dazu steht.

Telefon-Tip 3: Ein-Stimm-ung

Es ist eine altbekannte Tatsache, daß das Publikum mindestens ein oder zwei Sätze eines neuen Redners hören muß, ehe es sich auf seine Stimme, Aussprache, Sprachmelodie etc. einstellen kann. Deswegen beginnt ein Profi seine Präsentation nie mit einer entscheidenden Mitteilung, weil diese niemand so richtig verstehen würde.
Am Telefon ist es ähnlich, wenn Sie (aktiv) andere anrufen: Die erste (die beiden ersten)

Silbe(n), die *Sie* sagen werden, wird in der Regel kaum jemand verstehen. Wenn Sie sich also *zuerst* mit Ihrem Namen melden, dann wird dieser um so weniger begriffen, je kürzer er ist (Kunz).

Außerdem gilt die Regel: Je unbekannter Sie dem Angerufenen sind, desto schwieriger wirkt Ihr Name auf ihn. Das gleiche gilt für die oft nur genuschelte Firmen-Identifikation, vor allem, wenn sie als erstes ausgesprochen wird. So erhalte ich häufig Anrufe, bei denen eine Stimme Firma und/oder Abteilung herunterleiert und dann ankündigt, sie werde mich weiterverbinden. Ehe ich noch ahne, mit welcher Firma ich verbunden bin (bzw. mit welcher Person ich verbunden werde), macht die Stimme ihre Drohung auch schon wahr. Nun soll ich mich mit dem Anrufer unterhalten, der genau weiß, wen er anrufen ließ; und der auch noch meint, ich müßte wissen, wer er sei!

Ähnliches gilt, wenn Sie angerufen werden und den Hörer abnehmen: Wenn Ihr Anrufer Sie noch nicht kennt bzw. wenn er von der Zentrale aus an Sie weiterverbunden wurde, wird er Ihre eigene kurze Namensnennung in der Regel auch nicht »mitkriegen«, außer Ihre Zentrale ist gut geschult und sagt dem Anrufer langsam und deutlich, mit wem er jetzt verbunden werden soll.

Noch ein Hinweis: Sie wissen, daß Menschen unterschiedlich schnell sprechen, wobei es sowohl kulturelle Unterschiede gibt (italienisch ist schneller als deutsch) als auch persönliche Präferenzen (Buchhalter Müller spricht schneller als der Azubi Klaus). Aber unabhängig von diesen Aspekten variiert jeder

einzelne seine Sprechgeschwindigkeit! Und dabei hat man festgestellt: Man spricht um so schneller, je häufiger man *diese* Aussage bereits gemacht hat.

Darum sagen wir den eigenen (Firmen-)Namen so schnell. Dasselbe gilt für andere Aspekte, über die nachzudenken sich bestimmt lohnte. Aber uns geht es ja jetzt um Ihren Namen am Telefon:

- Sagen Sie in jedem Fall zuerst *Guten Tag (Grüß Gott),* und nennen Sie *dann erst* Ihren (Firmen-)Namen. Der andere nimmt den Gruß eher *halbbewußt* wahr; aber er hat Zeit, sich auf Ihre Stimme einzustellen, so daß er Ihren Namen verstehen kann.
- Sprechen Sie Ihren Namen langsam und deutlich aus.
- Bieten Sie eine Eselsbrücke für Ihren Namen an. Erstens machen Sie ihn so verständlicher, und zweitens antwortet der andere oft auch mit einer solchen Merkhilfe, so daß Sie auch seinen Namen leichter wahrnehmen (und merken) können!

Telefon-Tip 4:

 Mancher denkt viel, lange und vor allem *schweigend* nach.

Das ist am Telefon besonders schwierig, weil der Partner dann fragen muß: »Sind Sie noch da?«, wenn er befürchtet, die Verbindung sei unterbrochen. Bis jedermann Bildtelefon haben wird, rate ich Ihnen (wenn Sie betroffen sind), eine der folgenden Varianten einzusetzen:

- Lernen Sie doch, »etwas lauter« nachzudenken, indem Sie ab und zu »hmm« (oder ähnliches) sagen (oder brummen)!
- Oder denken Sie vielleicht »halblaut« nach, indem Sie einen Teil Ihrer Gedanken in Worte fassen!
- Oder sagen Sie einfach: »Da muß ich mal überlegen …«, *ehe* Sie sich in Schweigen hüllen!
- Oder sorgen Sie für eine andere Geräuschkulisse, die zumindest zeigt, daß Ihr Gesprächspartner noch mit Ihrem *Büro* (Ihrem Haus, Ihrer Wohnung) verbunden ist! Nicht überall ist leise Musik im Hintergrund geeignet, aber manchmal geht das durchaus …

Telefon-Tip 5: Zeitdieb

Kennen Sie auch Leute, die am Telefon immer erzählen, wie gestreßt sie seien? Und daß sie keine Zeit für die Dinge hätten (die Sie von ihnen eigentlich gerade erbitten wollten!). Und daß sie diese Hetze ja so haßten, und wie krank sie das alles machte! Wenn *Sie* in diesen Fällen nicht sehr gut aufpassen, stiehlt Ihnen dieser Gesprächspartner 20 oder 40 Minuten Ihrer wertvollen Zeit!
Nun, Sie wissen, wie Sie sich über Zeitdiebe[6] ärgern!

[6] Vgl. SEIWERT, Lothar J.: *Mehr Zeit für das Wesentliche*

Aber, Hand auf's Herz: Respektieren Sie die Zeit des anderen *immer* in gebührendem Maße oder könnte es sein, daß der eine oder andere Ihrer Gesprächspartner Sie für einen Schwätzer hält?

Wie dem auch sei: Vielleicht hilft Ihnen (oder einem betroffenen Mitarbeiter/Familienmitglied) eine der folgenden Ideen. Allerdings können diese Vorschläge nur jemandem helfen, der *bereit* ist, sich kurz zu fassen, dem es nicht am guten Willen mangelt, sondern am Umsetzen desselben!

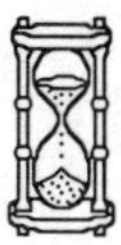

- Benutzen Sie eine Sanduhr in Telefonnähe und gewöhnen Sie es sich prinzipiell an, diese umzudrehen, wenn ein Gespräch beginnt, insbesondere wenn Sie den anderen anrufen (und Anspruch auf seine Zeit erheben).
- Oder stellen Sie einen kleinen Timer automatisch auf die Zeit, die das Gespräch Ihrer Meinung nach dauern dürfte (z.B. drei Minuten).
- Oder fragen Sie zu Anfang, ob der andere so-und-so-viel Zeit erübrigen kann, wenn Sie annehmen, daß es länger dauern wird.
- Oder trainieren Sie die Fähigkeit, Ihre Aussagen zu »verdichten« (insbesondere wenn Sie den Verdacht haben, Sie könnten manchmal zu weitschweifig sein).

Zum letzten Punkt: *Paraphrase-Übungen* sind gut geeignet (vgl. gleichnamigen Abschnitt). Außerdem möchte ich Ihnen eine Zusatz-Übung vorschlagen:

Telefon-Tip 6: Zusatz-Übung zum Kürzer-Fassen

Formulieren Sie die Hauptpunkte Ihres Anliegens schriftlich, aber als Telegramm! Stellen Sie sich vor, jedes Wort koste DM 50.–. Dabei gilt die »Spielregel«: Jedes Wort, das Ihnen in diesem Zusammenhang zu teuer wäre, ist auch für Ihren Gesprächspartner zu »teuer«!

Knigge Nr. 3: Wenn Sie im Recht sind ...

Wenn Sie einmal untersuchen, welches Bild man im Ausland von den Deutschen hat, dann ergeben sich neben einigen positiven Merkmalen *(professionell, pünktlich, effizient, sauber im Detail und zuverlässig)* immer wieder zwei negative. Erstens hält man uns für *kühl* (distanziert, schwer kennenzulernen) und zweitens empfindet man uns als *rechthaberisch* (stur, aggressiv). Wohlgemerkt, man kreidet es uns nicht an, wenn wir im Recht *sind,* sondern die Art und Weise, wie wir dies der Welt mitteilen!

Bei dem in Moskau stattgefundenen, vierten großen Treffen zwischen GORBATSCHOW und REAGAN passierte es, daß einige britische Journalisten nach Rußland geflogen waren, um an einer bestimmten Veranstaltung teilzunehmen und Gorbatschow sprechen zu hören. Aber es gab zu wenige Eintrittskarten! Nun fiel mir (in einem BBC-Bericht hierüber) eine Journalistin auf, eine sehr resolute, äußerst professionell wirkende Dame. Sie war verärgert, weil man sie in London *überredet* hatte, diesen Job anzunehmen, und zwar, wie sie sagte, mit der *Garantie,* daß die Karten für sie (einschließlich Kameramann und Tonmeister) bereits *vorlägen.* Der verantwortliche Mann war ebenfalls im Bild zu sehen, und nun zeigte der Bericht das *Gespräch* zwischen ihm und der Journalistin.

Preisfrage: Wie hätten Sie (wohlgemerkt im heißen Zorn!) Ihren vorhandenen Anspruch in Worte gefaßt? Oder denken Sie an andere Menschen, die Sie gut kennen: Ihr Chef? Ihr Partner? Ihre Kollegen? Ihre Freunde? Nachbarn? Was wäre wohl deren *Schlüsselaussage* gewesen?

Sicherlich hätten viele Deutsche das Bild, das man im Ausland ja nicht von ungefähr hat, wieder einmal bestätigt. Aber es gibt Menschen, die kommunizieren in solchen Situationen eleganter. Was, glauben Sie, sagte diese Journalistin? Nun, ihr Schlüsselsatz, den sie mehrmals wiederholte (es war ein hitziges Gespräch!) lautete: *I am sorry, but I am not prepared to accept this.* (Es tut mir leid, aber ich bin nicht bereit, das zu akzeptieren.)

Mich hat diese Formulierung sehr beeindruckt. Vergleichen Sie sie bitte mit untenstehenden Aussagen! Es folgen einige Sätze aus einem Seminar, in dem Teilnehmer (alles Topmanager) vor eine Aufgabe gestellt wurden, in der ihnen (absichtlich) ein ähnliches »Unrecht« zugefügt wurde. Wie, meinen Sie, haben diese zornigen Herren reagiert? Hier sind die Aussagen (im Kern), weil ich sie auf die Situation mit der Journalistin »umgeschrieben« habe:

- Wenn Sie meinen, daß ich jetzt unverrichteter Dinge wieder abreise, dann haben Sie sich aber geirrt!
- Ja, bin ich denn blöd, daß ich den ganzen Weg von London nach Moskau fliege – für nichts und wieder nichts?
- Wie kommen Sie mir denn vor? Für wen halten Sie mich eigentlich, für Ihren Hanswursten!?
- Ja, so geht das nicht! Schließlich hat man mir ausdrücklich versichert, daß ich hier reinkommen kann! Das ist Ihre Aufgabe, und nun sehen Sie zu, wie Sie die erfüllen!

Glauben Sie, daß solche Aussagen sehr motivierend wirken? Die englische Journalistin kam übrigens doch noch hinein (mit Kameramann, allerdings ohne Tonmeister) und konnte mit dem erreichten Kompromiß »leben«. Aber die Herren in der Übung haben ihre Widersacher (hier: Hotelpersonal) nicht überzeugen können, ihnen das zu geben, was eigentlich ihr »gutes Recht« gewesen wäre.
Wir sehen also: Höflichkeit ist nicht nur eine »Zier«! Höflichkeit kann (wenn sie von innen heraus kommt) Menschen bewegen, uns auch in schwierigen Situationen noch zu helfen. Wir brauchen ja schließlich kein Training für Situationen, die sowieso »glatt« verlaufen, oder?

Knigge Nr. 4:
Wer schreibt denn noch?

Untersuchen Sie einmal zehn beliebige Briefe, in denen Sie jemand anschreibt (den Sie noch nicht kennen) und Sie bittet, doch möglichst umgehend anzurufen.

1. Wetten, daß in fast allen Fällen die Unterschrift unleserlich ist?
2. Wenn der Name wenigstens darunter getippt wäre, aber auch dies ist bei der Hälfte der Briefe nicht der Fall.
3. Bei den anderen Briefen finden Sie wahrscheinlich nur den Nachnamen, so daß Sie nicht wissen, ob Sie einen Herrn oder eine Dame anrufen sollen.
4. Und bei wieder mindestens der Hälfte dieser Briefe fehlt die Durchwahl (wobei ich hier von Kontakten spreche, bei denen sich im nachhinein herausgestellt hat, daß sie sehr wohl einen eigenen Apparat gehabt hätten)

Jetzt könnten Sie Ihre eigenen Briefe prüfen! Bitte überlegen Sie einmal:

1. Wie viele Briefe pro Woche (Monat, Jahr), die Sie *erhalten,* geben Ihnen einen (kurzen) Moment der *Freude?!*

2. Wie viele der Briefe, die Sie schreiben, lösen bei einem Empfänger etwas *Freude* aus?!

Wenn Ihre Grundeinstellung mit derjenigen vieler Seminar-Teilnehmer übereinstimmt, dann schreiben Sie »... nur, wenn ich etwas Wichtiges zu sagen habe«. Nun, wie *wichtig* ist ein kleines Dankeschön? Sicher, man kann es auch telefonisch »erledigen«, aber manchmal können ein paar Zeilen (leserlich handgeschrieben) den anderen enorm positiv beeindrucken! Dasselbe gilt für Entschuldigungen!

Könnten Sie *einen* netten Kurzbrief pro Woche schreiben?
Manche amerikanische Verkaufsstars haben das Briefeschreiben so stark in ihre Verkaufsstrategie eingebunden; daß sie teilweise bis zu fünf Briefe (an Kunden!) pro Tag schreiben und darauf schwören, daß die Zeit dafür eine außerordentlich hohe »Rendite« abwirft! Dabei sind nicht alle Briefe Mitteilungen im üblichen Sinne. Oft entdeckt man in einer Zeitung einen Artikel, der einen Kunden interessieren könnte. Also fotokopiert man ihn und setzt einen kurzen handschriftlichen Gruß darauf. Oder man entdeckt im Lokalteil der Zeitung eine positive Mitteilung, die einen Kunden betrifft (Sohn hat Abitur gemacht; Tochter wird sich verloben) und reagiert mit einer kurzen persönlichen Note.

Gibt Ihnen das vielleicht eine neue Idee?

Knigge Nr. 5: Die ganz alltägliche Kritik

Eine Frage, die in fast allen Führungsseminaren auftaucht, befaßt sich mit der Art und Weise, wie man ein Kritik-Gespräch führen sollte, nach dem Motto: Wie kritisiert man einen Mitarbeiter (oder Kinder)? Hier möchte ich Ihnen einige der wichtigsten Tips vorstellen. Vielleicht ist auch für Sie etwas dabei, das solche Gespräche in Zukunft effizienter gestalten kann, erstens *für Sie* selbst und zweitens für die kritisierte Person!

- Kritik kann durchaus positiv sein! Im Gegenteil: Wenn jemand nur immer gelobt werden würde, würde ihm dieses Lob in Zukunft immer weniger bedeuten. Anders ausgedrückt: Man freut sich über ein Lob ganz besonders, wenn man aus Erfahrung weiß, daß dieser Mensch einem auch sagen würde, was ihm nicht gefällt (oder paßt).

- Kritik hat Kontrollfunktion, besonders wenn man eine neue Aufgabe übernommen hat. Dies gilt auch für Lernende (Schüler, Azubis, Praktikanten), was viele Lehrende häufig übersehen!

- Wer nur dann Kritik-Gespräche führt, wenn er »meckern« will, der braucht sich nicht zu wundern, wenn seine Leute bereits *vor* dem nächsten Kritik-Gespräch in den psychologischen Nebel hineinfallen (vgl. Teil II,

Abschnitt *Kommunikationsebenen*). Jetzt haben Sie keine Chance, sachlich zu argumentieren. Ihre langen und ausführlichen Erklärungen nützen wenig, da die *Inhaltsebene* Ihres Empfängers nicht »frei« ist, so daß Ihre wohlgesetzten Worte gar nicht (oder nur bruchstückhaft) ankommen werden, egal wie brillant sie auch gewesen sein mögen. Das ist nämlich keine Frage der Logik, sondern eine der Psycho-Logik!

- Wenn man den anderen befragt, wie er selbst seine Leistung einschätzt, wird dieser oft bereits ahnen, was vielleicht nicht in Ordnung ist. Geben Sie ihm die Chance, es selbst zu sagen; das ist weit besser für sein Selbstwertgefühl, als wenn man es ihm mitteilt! Zumindest lohnt sich der Versuch: Denn wenn der andere wirklich keine Ahnung hat, worauf Sie hinauswollen, dann könnte ja möglicherweise schon vorher ein Fehler passiert sein. Vielleicht in der »glasklaren« Art, in der Sie die Aufgabe ursprünglich delegiert haben? (Vgl. auch Teil II, Abschnitt *Wie klar ist »glasklar«?* s. S. •) Falls Sie nämlich beim Delegieren Verbal-Droodles gesendet haben, ist es wirklich nicht die Schuld des Empfängers, insbesondere wenn er zuviel Respekt (sprich: Angst) vor Ihnen hat und es deshalb kaum wagt, rückzufragen. (Vergleichen Sie bitte hierzu auch die *Charley-Whopp-Effekte*.)

- Bitte versuchen Sie einmal sich selbst zu lauschen, wenn Sie kritisieren! Oft sind es weniger die Worte als vielmehr der Tonfall, welcher impliziert, daß Sie den anderen für dumm oder unfähig halten. Dies aber kann verletzender sein als Worte. Ähnliches gilt für »echt ätzende Blicke«, die viele Vorgesetzte »aussenden«, ohne daß sie sich dessen überhaupt bewußt wären!

Knigge Nr. 6: Der Freiherr sagt ...

Im folgenden möchte ich Ihnen einige Gedanken des guten Freiherrn KNIGGE anbieten. Zum einen, damit Sie sehen, wie aktuell diese auch heute noch sind (vielleicht wollen Sie sein Buch doch einmal ganz lesen?), zum anderen, weil Sie seine Worte auch *sprachlich* ein wenig analysieren können. Fragen Sie sich: Welche Begriffe sind heute, 200 Jahre später, »total veraltet«? Ein Beispiel: Der *Nebenmensch* hat sich inzwischen zum *Mitmenschen* gewandelt. Was fällt Ihnen sonst noch auf? Übrigens: Falls Sie kurze Aussagen zum Paraphrasieren (vgl. gleichnamigen Abschnitt) suchen, so sind KNIGGEs Sentenzen auch hierfür hervorragend geeignet!

- Enthülle nie auf unedle Art die Schwächen deiner Nebenmenschen, um dich zu erheben.

- Keine Regel ist so allgemein, keine so heilig zu halten, keine führt so sicher dahin, uns dauerhafte Achtung und Freundschaft zu erwerben als die: unverbrüchlich auch in den geringsten Kleinigkeiten Wort zu halten, seiner Zusage treu und stets wahrhaftig zu sein in seinen Reden.
- Interessiere dich für andere, wenn du willst, daß andere sich für dich interessieren sollen.
- Vor allen Dingen vergesse man nie, daß die Leute unterhalten, amüsiert sein wollen …
- Gehe von niemand und laß niemand von dir, ohne ihm … etwas Verbindliches gesagt und mit auf den Weg gegeben zu haben; aber … auf eine Art, die ihm wohltue …, daß er fühle, du nehmest Interesse an seiner Person …
- Habe acht auf dich, daß du in deinen Unterredungen durch einen wäßrigen, weitschweifigen Vortrag nicht ermüdest!
- Rede also nicht zuviel von dir selber …
- Hüte dich, in den Fehler derjenigen zu verfallen, die aus Mangel an Gedächtnis, oder … weil sie so verliebt in ihre eigenen Einfälle sind, dieselben Histörchen, Anekdoten, … Wortspiele, witzigen Vergleichungen und so ferner bei jeder Gelegenheit wiederholen.

- Flicke keine platten Gemeinsprüche in deinen Reden ein. Zum Beispiel, daß Gesundheit ein schätzbares Gut, daß das Schlittenfahren ein kaltes Vergnügen, daß jeder sich selbst der Nächste sei, daß, was lange dauert, gut werde, daß man durch Schaden klug werde, welches leider selten eintrifft. Solche Sprichwörter sind sehr langweilig und nicht selten sinnlos und unwahr.
- Lerne Widerspruch ertragen. Sei nicht kindisch eingenommen von deinen Meinungen.
- An Orten, wo man sich zur Freude versammelt, beim Tanze, in Schauspielen und dergleichen rede mit niemand von ... Geschäften.
- Man respektiere das, was andern ehrwürdig ist.
- Suche keinen Menschen, auch den Schwächsten nicht, in Gesellschaft lächerlich zu machen.
(Ende Zitat KNIGGE)

6. Stabilisierung

Wie in der Einleitung bereits angedeutet wurde, unterscheiden sich Stabilisierungsaufgaben maßgeblich von normalen Übungen. Während eine Übung im Hier und Jetzt eine sofortige (wenn auch graduelle) Verbesserung bewirken soll, ist die Strategie der Stabilisierungsaufgaben langfristig angelegt.

Ein meist nur halb bekannter Spruch von GOETHE besagt zunächst: *Sage mir, mit wem du umgehst, so sage ich dir, wer du bist...* Er wird fortgesetzt mit (dem weniger bekannten Gedanken): *Weiß ich, womit du dich beschäftigst, so weiß ich, was aus dir werden kann.*

Sie werden feststellen, daß es Stabilisierungsvorschläge für beide Teile dieser Botschaft gibt! Dabei können Sie zwei Ziele verfolgen: Entweder Sie wollen vorhandene (z.B. kürzlich erst erworbene) Fähigkeiten stabilisieren (Aufgaben der Kategorie TUN), und/oder Sie wollen sich (also Ihre gesamte Persönlichkeit) langsam aber sicher weiterentwickeln (Aufgaben der Kategorie WERDEN).

Am besten lesen Sie *einmal* alle Vorschläge und entscheiden dann *spontan*, welche Ihnen am meisten zusagen. Hören Sie bitte auf Ihre innere Stimme! Mit denjenigen Übungen, die Sie am meisten »ansprechen«, beginnen Sie bitte möglichst bald. Vielleicht werden Sie später noch weitere Anregungen aufgreifen, aber es ist sinnvoll, so bald wie möglich mit dem Stabilisieren zu beginnen!

Optimal wäre es, wenn Sie die Stabilisierungsvorschläge in einem Zug durchlesen, um Ihre Entscheidung (zum Starten) zu treffen. Falls Sie also jetzt unterbrochen werden (könnten), heben Sie sich diese Seiten bitte für später auf. Es geht nicht nur ums Lesen; manche Ideen werden wichtige Assoziationen auslösen: Vielleicht gefällt Ihnen ein Vorschlag nicht, *so wie er hier steht*. Aber Sie könnten sich etwas Ähnliches vorstellen... Nun brauchen Sie etwas Zeit, um *Ihre* Idee (rechts) zu notieren. So wird ein maßgeschneidertes Stabilisierungsprogramm daraus, welches *Ihnen* den größtmöglichen Nutzen bringt.

Stabilisierungsvorschläge zum TUN

Alle Vorschläge (= gezielte Aktivitäten) setzen voraus, daß Sie sich zeitweise intensiv mit einer Aufgabe befassen; daß Sie also bewußt etwas TUN müssen.

Stabilisierungsaufgabe Nr. 1: Telepathie

Schon im Abschnitt *Telepathie* wurde erwähnt: Sie sollten ungefähr einmal pro Vierteljahr ein weiteres Telepathiespiel (möglichst mit Spielern, die ebenfalls nur noch stabilisieren wollen, deren Spielfähigkeit ebenfalls bereits sehr hoch ist) durchführen. Am

besten tragen Sie gleich in Ihren Terminkalender (Anfang Januar, April, Juli und Oktober) eine Notiz ein. Dann erhalten Sie sich Ihre trainierten Fähigkeiten des wirklich »akuten« Zuhörens und Beobachtens tatsächlich!

Stabilisierungsaufgabe Nr. 2: Sprachanalyse

Es ist schon bemerkenswert, wenn man bewußt registriert, wie wenige Menschen Sprache[1] wirklich gekonnt einsetzen! Ich werde einige Gedanken zu diesem überaus wichtigen Thema anbieten, und Ihnen anschließend die ersten Stabilitätsübungen hierzu vorschlagen, falls Sie selbst lernen möchten, das Instrument Sprache in Zukunft (noch) differenzierter einzusetzen.

> *Zitat:* Wolf SCHNEIDER:[2]
> Die Selbstherrlichkeit, mit der wir die Sprache dazu verwenden, uns die Welt zu ordnen und zu rubrizieren, sie überschaubar und handhabbar zu machen, wird voll erst dem bewußt, der den Wörtern ... eine Antwort auf die Frage abverlangt: Habt ihr das Talent, wenigstens in simplen Zusammenhängen, in bescheidenem Umkreis Klarheit zu stiften?
> Zu den Unternehmern ... zählt laut Handelsgesetz der Taxifahrer, falls das

1 Vgl. hierzu auch meine Ton-Cassette: Sprache als Instrument des Denkens, DM 19,80

2 Aus seinem empfehlenswerten Buch: *Wörter machen Leute* (Seiten 197–199).

Produktionsmittel, das Taxi, sein Eigentum ist. Wenn nun eine Gewerkschaft gegen »Unternehmerwillkür« auf die Straße geht – meint sie dann auch den Taxifahrer? ...

Die nächste und offenkundigste Schwierigkeit des Definierens hört auf den Namen Polysemie: die oft unüberschaubare und schwer erträgliche Vieldeutigkeit der Wörter. ... *Gorilla* (bezeichnet) in der Umgangssprache außer dem Affen einen Leibwächter, von *Ochsen* und anderem *Rindvieh* zu schweigen. Ein *lauter* Ton und *lauter* Lügen, einen Fußgänger *anfahren* und einen Untergebenen *anfahren,* eine *gute* Stunde, die entweder keine schlechte, oder keine böse, oder keine knappe Stunde war, Schiffs*mast* und Schweine*mast,* eine *Mutter* für das Kind und eine Mutter für die Schraube, elf Hauptbedeutungen für das Wort *Welt* im GRIMMschen Wörterbuch, 48 Übersetzungen für *Logos* in BROCKHAUS und MEYER, 109 Verwendungen für *run* im WEBSTER! *Meine Konditorei* kann ... heißen; die, deren Eigentümer ich bin; die, in der ich arbeite; die, in der ich Kuchen zu kaufen pflege; und die ideale Konditorei, von der ich vergeblich träume.
Vor allem sind präzise Wörter so bequem: »Da die Menschen seit frühester Kindheit daran gewöhnt wurden, Wörter zu erlernen, ehe sie die komplexen Ideen kannten, mit denen diese Wörter verknüpft waren«, schreibt Locke, »verfahren sie meist ihr ganzes späteres

Leben ebenso. Sie verwenden ihre Wörter für die schwankenden und verworrenen Vorstellungen, die sie besitzen... Sie greifen die Wörter auf, die ihre Nachbarn benutzen; damit es nicht so scheint, als wüßten sie nicht, was die Wörter bedeuten, verwenden sie sie zuversichtlich... Daraus entspringt, neben der Bequemlichkeit des Verfahrens, der Vorteil, daß sie ... zwar einerseits selten im Recht sind, andererseits aber ebenso selten davon überzeugt werden können, daß sie unrecht haben: Denn wenn man Menschen ohne feste Begriffe von ihren Irrtümern zu befreien sucht, so ist das, als wollte man einen Landstreicher aus einem festen Wohnsitz jagen... Würde einer fordern, die Leute sollten ihre Wörter immer in demselben Sinn gebrauchen, so hieße das ihnen zumuten, sie dürfen nur über Dinge reden, von denen sie klare Vorstellungen besitzen. Das aber darf niemand erwarten, der nicht so eitel ist sich einzubilden, er könne die Menschen dazu bringen, entweder sehr einsichtsvoll oder sehr schweigsam zu sein.«

Im Seminar schlage ich den Teilnehmern folgendes Experiment vor. Es hilft, das Sprachgefühl zu verschärfen. Wie das Zitat von Wolf SCHNEIDER gezeigt hat, würde diese Übung wohl fast allen Menschen nützen:

Sprachexperiment: Vom Inhalt zur Sprachanalyse

Nehmen Sie eine längere Aussage auf Tonkassette auf. Sie können z. B. einen Kommentar im Radio (Fernsehen) mitschneiden oder einen Text (selbst) auf Band lesen (lassen). Danach hören Sie sich diese Kassette *mehrmals* an:

Beim ersten Durchgang achten Sie nur auf den Inhalt (wobei, wenn Sie selbst auf Band lesen, das Vorlesen dem ersten Durchgang entspricht).

Ab dem zweiten Durchgang lenken Sie Ihre Aufmerksamkeit bewußt auf die Wörter (Begriffe), die der Sprecher (Autor) verwendet hat. Und zwar wählen Sie immer *eine* spezielle Wortkategorie, auf die Sie achten wollen. Also z. B. auf die Substantive (Hauptwörter), oder die Adjektive (Eigenschaftswörter), oder die Verben (Tätigkeitswörter). Oder Sie achten einmal auf Begriffe, die wort-wörtlich genommen werden können (Ent-Täuschung) und solche, die genaugenommen das, was sie ausdrücken sollen, gar nicht wirklich »beschreiben« (sich *auseinandersetzen* soll ja helfen, *zueinander* zu kommen).

Das ist so ähnlich, wie wenn Sie ein Konzert mehrmals aufmerksam anhören, und bei jedem Durchgang auf ein anderes Instrument (oder eine Instrumentengruppe, z.B. die Bläser) hören. Jedesmal werden Sie Neues entdecken, denn während Sie den Oboen lauschen, merken Sie weniger, was die Violinen spielen: So ähnlich gehen Sie nun auch vor.

Dabei entwickeln Sie ein »verschärftes« Sprach-Gefühl, welches die Grundlage für die folgenden Sprachübungen bildet. Falls Sie sich in der Vergangenheit bereits intensiv mit Sprache auseinandergesetzt haben, könnten Sie diese Basisübung auslassen; das müssen Sie entscheiden.

Stabilisierungsaufgabe Nr. 3: Wort-Gewalt

Spätestens die eben beschriebene Übung wird Ihnen zeigen, wie armselig das Vokabular der meisten Menschen ist. Da werden bestimmte Schwammbegriffe (*groß, gut, anspruchsvoll*) eingesetzt, unter denen sich der Hörer/Leser dann alles Mögliche vorstellen kann. Oder man verwendet Pseudowörter (*tun*), weil einem kein wirklich treffendes Verb einfällt.

Sicher leuchtet die Forderung ein, daß Könner um so effektiver kommunizieren, je mehr Wörter sie (wirklich) kennen! Daher schlage ich vor, daß Sie daran arbeiten, Ihr aktives Vokabular zu verbessern. Hierzu dient die folgende Übung:

Nehmen Sie einen Text aus einer Veröffentlichung, deren Sprache ziemlich einfach gehalten ist. Tip 1: Je größer die Überschriften in Zeitungen, desto kleiner ist in der Regel der Wortschatz der Autoren. Tip 2: Regenbogenpressen-Artikel, die vorgeben zu informieren.

Schritt 1: Streichen Sie mit einem Filzstift diejenigen Wörter an, die zu wenig aussagen (Schwammbegriffe) bzw. die irreführend sind (*Chaoten* für friedliche *Demonstranten*), und ähnlich.

Schritt 2: Überlegen Sie, welche Begriffe *Ihnen* statt dessen einfallen und notieren Sie diese!

Schritt 3: Schlagen Sie die ursprünglichen Wörter in einem Synonym-Wörterbuch nach und stellen Sie (meist überrascht!) fest, wie *viele andere* Begriffe in diesem Zusammenhang ebenfalls benutzt werden können (oder, daß vielleicht einige Begriffe dort aufgeführt werden, die sogar noch treffender sind, als die von Ihnen gewählten). So ähnlich könnte man auch vorgehen, wenn man einen eigenen Text nachträglich »polieren« möchte!

Schritt 4: Lesen Sie den Ursprungs-Text, gefolgt von Ihrer neuen Version mit den »besten« Wörtern (Ihrem Sprach-Gefühl gemäß) hintereinander auf eine Kassette.

So verfahren Sie mit einigen Texten bis eine Kassette mit Ihren Lesungen voll ist (wobei Sie nach der zweiten Textversion etwas Musik einspielen können, ehe der nächste Abschnitt folgt). Nun hören Sie sich diese Kassette ab und zu an (z. B. unterwegs oder vor dem Einschlafen). Auf diese Weise werden die von Ihnen ausgetauschten Begriffe bald in Ihr aktives Vokabular übergegangen sein.

Anfangs sollten Sie allgemeine Texte nehmen, später können Sie auf diese Weise jedoch Ihr Vokabular *gezielt* verbessern, indem Sie Themenkreise aufgreifen, die für Sie besonders wichtig sind (Fachartikel oder Abschnitte aus Sachbüchern). Denn, in dem Maß, indem Sie selbst sprach-gewaltiger werden, können Sie auch Texte überarbeiten, die nicht besonders »simpel« waren...

Variationen...

Weitere Stabilisierungsaufgaben der Kategorie TUN werden Ihnen bald selbst einfallen. Es handelt sich hierbei um das gezielte Verbessern *eines* bestimmten Aspektes Ihres Handelns. Wobei die Zielstellung natürlich keineswegs auf sprachliche Aspekte beschränkt bleiben muß...

Während die letzten beiden TUN-Übungen Ihre Sprach-Fähigkeit punktuell verbessern werden, gibt es noch einen ganz anderen Aspekt:

Sie sprechen heute die Sprache, die Sie laufend hören/lesen. Je größer die Sprachgewalt dieser Menschen (Autoren, Sprecher im Radio/Fernsehen oder Mitmenschen)**, desto mehr färbt sie auf Sie ab. Und umgekehrt!**

Die Menschen, deren Texte Sie hören oder lesen sind nämlich, ob Sie das wollen oder nicht, Ihre *Vorbilder*, von denen Sie weit mehr beeinflußt werden, als Ihnen vielleicht lieb ist. Aber man kann diesen Aspekt auch ganz bewußt *nutzen*, indem man neue Vorbilder von selbst auswählt! Das ist der Schlüsselgedanke für die folgenden Stabilisierungsvorschläge (Kategorie SEIN)! Auf die Zukunft bezogen, heißt SEIN natürlich (besser) WERDEN...

Stabilisierungsvorschläge zum WERDEN

Alle folgenden Vorschläge setzen voraus, daß Sie sich (nach *einmaligen* Vorbereitungen, wo es nötig ist) immer wieder bestimmten Reizen »aussetzen« werden, damit bestimmte Aspekte (oder Eigenschaften) auf Sie *einwirken* können: Dies geschieht als *Hintergrundaktivität*, kostet also kaum Zeit, bringt Ihnen aber enorm viel!

Natürlich gibt es unzählige Aspekte, die auf diese Weise trainiert werden könnten. Daher bitte ich Sie, die folgenden Ratschläge als *Fallbeispiele* anzusehen, denen Sie dann später weitere (eigene) hinzufügen werden.

Stabilisierungsaufgabe Nr. 4: Sprache – anders

Wenn Ihr Sprach-Gefühl verschärft wird (siehe Übungen oben), dann werden Sie es bald bewußt registrieren, wenn jemand eine besonders klare oder schöne Sprache spricht (schreibt). Wenn Sie solche Denker auf Tonkassette »festhalten« können, und hören sich diese immer wieder einmal an (z. B. unterwegs), dann wird Ihre Sprache von diesen neuen Vorbildern genau so beeinflußt! Allerdings haben Sie selbst hier die Auswahl getroffen und sich bewußt entschlossen, sich diesem Einfluß gezielt auszusetzen.

Vorgehen:

Beim gesprochenen Wort: Wenn Sie regelmäßig ein Kassettengerät »mitlaufen« lassen (Radio/Fernsehen), werden Sie zwangsläufig ab und zu jemanden »erwischt« haben, dessen Sprache für Sie Vorbild sein kann. (Andernfalls überspielen Sie die Kassette wieder.) Auf diese Weise haben Sie bald einige wenige aber hervorragende Textstellen, die man so oft wie möglich hören sollte. Noch ein Tip: Da es heute sehr leicht möglich ist, von einer Kassette auf eine andere zu überspielen, überspiele ich die »guten« Textstellen jeweils an den Anfang einer Kassettenseite. Ist der Text so kurz, daß er nicht einmal die A-Seite einer Kassette mit 60 min. Laufzeit füllt, dann überspiele ich ihn gleich zwei- oder dreimal hintereinander (getrennt durch je ein kurzes Musikstück) und fülle das Ende der B-Seite ebenfalls mit Musik. Jetzt kann dieses Band (z. B. im Auto) im Auto-Reverse-Gerät laufen, ohne daß es irgendwelche Leerstellen gibt. Ist der Text länger (z. B. eine Diskussion im Fernsehen), dann wird sie das Band weitgehend füllen (vielleicht sogar eine 90er Kassette)!

Beim geschriebenen Wort: Wenn Sie Textstellen finden, die Ihnen sprachlich besonders gefallen, dann gibt es zwei Möglichkeiten: Entweder Sie selbst lesen auf Band, oder Sie lassen lesen! Auch hier möchten Sie vielleicht zwischendurch ein wenig Musik einblenden, damit das Zuhören später nicht ermüdet!

Stabilisierungsaufgabe Nr. 5: Mit wem du umgehst...

Wie das GOETHE-Wort zeigt, prägt uns der Umgang mit den Personen, mit denen wir häufig umgehen – und zwar nicht nur sprachlich! Welche Werte sind für diese Menschen wichtig? Denken sie überhaupt darüber nach? (Oder lassen sie sich jede wache Minute »berieseln«, damit sie nicht aus Versehen aktiv nachdenken müssen?) Nach welchen Kriterien treffen sie wichtige Entscheidungen im Leben? (Ist es wichtiger, was die Nachbarn denken, oder sind andere Aspekte ausschlaggebend?) usw.

Im Seminar ergeben sich oft fundamentale Diskussionen über Grundsatzfragen des Lebens. Manche Teilnehmer brauchen eine Weile, bis sie so richtig in das Thema »einsteigen« können. Sie sagen dann hinterher oft, daß es für sie hochinteressant war, daß sie aber zu Hause niemanden kennen, der sich über solche Fragen den Kopf zerbrechen würde. Nun, solche Leute kann man bewußt suchen!

Sie wissen ja: *Suchet, und Ihr werdet finden!* Wenn man erst einmal bewußt auf der Suche ist (nach guter Sprache oder nach Menschen, mit denen man diskutieren kann), dann scheint einem das Gesuchte weit häufiger als vorher zu begegnen. Falls Sie meinen in ihrem Umkreis seien solche Leute *wirklich nicht* zu finden, dann möchte ich Ihnen einen Tip geben: Sie brauchen nur einen Kurs bei der VHS zu belegen, der sich mit »solchen Themen« befaßt. Sie werden erstaunt sein,

was es da alles gibt: von Kommunikation bis zum Wertewandel! Dort finden Sie Gleichgesinnte, mit denen Sie dann auch privat weiteren Kontakt pflegen können. Also Sie sehen: Wenn man sich nur einmal im Monat einen Abend lang über wichtige Fragen des Mensch-Seins unterhält, wird man als Persönlichkeit garantiert wachsen und sich weiterentwickeln. Deshalb ist dies ein weiterer Aspekt des WERDE, der Ihr ganzes weiteres Leben beeinflussen kann!

Stabilisierungsaufgabe Nr. 6: TV ja – aber was?

Auch wer »nie« Zeit hat, sieht in der Regel einige Stunden pro Woche fern. Dagegen ist nichts einzuwenden; aber man könnte dieses Fernsehverhalten einmal überprüfen: Meistens sieht man einige wenige Kategorien von Sendungen (Nachrichten, Spielfilme, Shows). Wenn Sie nun Ihren geistigen Horizont mittels Fernsehen erweitern wollen, dann könnten Sie folgende Idee aufgreifen:

1. Neuland

Sehen Sie ein bis zweimal im Monat eine Sendung (Dokumentation, Sachbericht, Diskussion, Wissenschaft) zu einem Thema, von dem Sie noch wenig wissen. Das kann eine historische Studie über das alte Rom sein, ein Bericht über die Geschichte des Doms von Sowiesokirchen, eine kritische Auseinandersetzung zum Thema Gen-Technik (Mikro-Technik), eine Information über einen Umwelt-Skandal oder ein Portrait eines Dichters (Komponisten), dessen Name Ihnen zunächst gar nichts sagt... Wer regelmäßig Neues aufnimmt, beugt der »Arterienverkalkung des Geistes« vor (ganz abgesehen davon, daß das Wissen wächst)!

2. Toleranz

Sie erinnern sich an den Toleranzabschnitt dieses Kurses! Angenommen Sie sind gegen *Kernkraft* (die Sie dann sicherlich als *Atomkraft* bezeichnen), und angenommen Sie entnehmen dem Fernsehprogramm, daß heute eine Sendung ausgestrahlt wird, die Pro-Kernkraft ist, wie würden Sie normalerweise reagieren? Nun, vermutlich würden Sie diese Sendung nicht sehen! Weil wir normalerweise die Argumente der »Gegenpartei« nicht bewußt zur Kenntnis nehmen, geschweige denn, ernsthaft darüber nachdenken wollen. Deshalb ist der Prozentsatz von Menschen, die eine Sendung wie *Pro und Contra* sehen, weit geringer als die der Harald Juhnke-Fans! Also sollten wir uns einmal im Monat eine Sendung ansehen, die unsere vorgefaßte Meinung zu einem Thema höchstwahrscheinlich angreifen wird. (Ähnlich kann man lesend vorgehen: Wie leicht »überblättert« man einen Artikel oder einen Kommentar, der unserer Meinung widerspricht. Solche Texte könnte man in Zukunft herausreißen und sammeln, so daß Sie griffbereit liegen, wenn Sie gerade mal eine Stabilisierungsübung in puncto Toleranz absolvieren wollen...

So, das waren erste Vorschläge, die Ihnen sicher noch so manche Idee gegeben haben! Im Seminar wählen sich meine Teilnehmer meist eine TUN- und eine WERDEN-Aufgabe zum Starten aus. Wie werden Sie sich entscheiden?

Teil II: Theorie

Übersicht

Text Nr. 1:

Aneinander vorbei oder miteinander?

Jeder Idiot kann reden, aber nur der Weise beherrscht die Kunst der Gesprächsführung.
(Ben Jonson)

Mark TWAIN wollte einmal beweisen, daß einem auf einer New Yorker Gesellschaft niemand zuhört, weil alle aneinander vorbei statt miteinander reden. Er erschien verspätet auf einer Party. Die Gastgeberin empfing ihn sogleich mit: »Kommen Sie herein, mein Lieber. Da drüben steht der Ambassador von Malaysien, ich stelle Sie gleich vor ...« – »Entschuldigen Sie meine Unpünktlichkeit, bitte«, sagte Mark TWAIN; »aber ich mußte meiner alten Tante noch den Hals umdrehen, und das dauerte etwas länger, als ich angenommen hatte.« Darauf die Gastgeberin: »Wie reizend, daß Sie trotzdem gekommen sind!«

Das Typische bei diesen Scheingesprächen wollen wir anhand eines Denkmodells erläutern. Stellen Sie sich vor, jeder Mensch stünde in einem *Kreis*.

Dieser Kreis symbolisiert unsere Interessen, Bedürfnisse, Wünsche, Meinungen, Ansichten und, nicht zuletzt, unsere gesamten bisherigen Erfahrungen. Das beginnt bei *Erlebnissen,* die uns geprägt haben. Aber das sind auch alle Programme (Verhaltensnormen) und Meinungen, die wir im Laufe der Jahre (Jahrzehnte) angenommen haben. Je »vollgestopfter« jemand ist (auch mit Vorurteilen), desto weniger offen ist er natürlich auch für eine neue Information, insbesondere wenn sie eine alte anzugreifen scheint!
Was nun die Kommunikation angeht, so gilt: Solange jeder in seinem Kreis isoliert bleibt, und die einzelnen Kreise keine Berührungspunkte bzw. Überschneidungen aufweisen, kann ja kein echtes Gespräch zustande kommen.

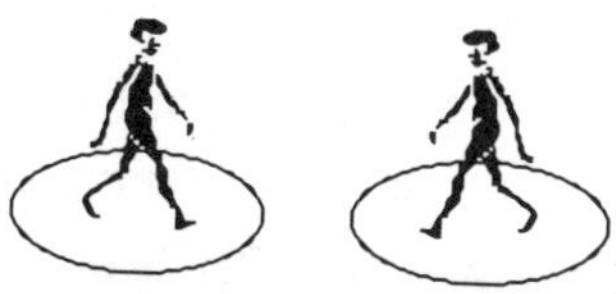

Bei dem erwähnten Beispiel (von Mark TWAIN) für ein *aneinander vorbei* gilt: Die Inhalte des Kreises eines anderen interessieren nicht. Es interessierte die Gastgeberin keinesfalls, warum ihr Ehrengast zu spät kam! Und es interessiert uns oft genausowenig, warum unser Partner etwas anders sieht (oder bewertet) als wir. Genaugenommen könnten wir manchmal genausogut *Selbstgespräche* führen.

Wiewenig solche Zeitvertreib-Gespräche auf den anderen eingehen, zeigt folgendes Beispiel sehr deutlich:
Eine Gastgeberin sagt zu ihrem Gast: »Nun wollen wir endlich auch einmal von Ihnen sprechen. Wie gefällt Ihnen meine neue Frisur?»

Wollen wir noch festhalten, daß auch der Zeitvertreib eine gewisse positive Funktion haben kann. Veranlaßte der doch Stuart CHASE zu sagen: »Worte sind das, was die Gesellschaft zusammenhält.« Man kann schließlich nicht immer »richtige Gespräche« führen. Zeitvertreib ist positiv in seiner Funktion, wenn ...

- man müde ist,
- man Gesprächspartner (noch) nicht kennt,
- man kurze Wartezeiten überbrücken will
- oder wenn man im Flugzeug oder Zugabteil eine freundliche Atmosphäre mit dem Nachbarn herstellen will.

Aber Zeitvertreib kann auch dazu dienen, eine echte Unterhaltung zu *vermeiden,* wiewohl einer der Gesprächspartner diese herbeizuführen sucht. Er kann dazu dienen, eine Geräuschkulisse herzustellen, damit man nicht gezwungen ist, nachzudenken. Diese Art von Zeitvertreib meinte Rudyard KIPLING wohl, als er sagte: »Worte sind die stärkste Droge der Menschheit.«
Wir wollen also nicht behaupten, man solle den Zeitvertreib immer vermeiden. Aber lernen Sie ihn vom echten Gespräch zu unterscheiden! Verwechseln Sie die beiden Arten der Unterhaltung nicht, wenn ein anderer

Mensch sich wirklich bemüht, mit Ihnen zu sprechen, wie in folgendem Beispiel:

Susie: Mutti, meiner Puppe ist der Kopf abgefallen.
Mutter: Schon recht, Herzchen.
Susie: Aber Mutti! Er ist wirklich ab!
Mutter: Spiel schön, mein Kleines.
Susie: Mutti!! Wenn er doch aber ab ist?!
Mutter: Was ist ab, Herzchen?

Nun erst ist die Mutter bereit, von Zeitvertreib auf ein echtes Gespräch umzuschalten. Susie aber hat bereits das Gefühl vermittelt bekommen, daß es der Mutti ziemlich egal ist, was sie sagt. Und das tut natürlich weh!
Frage: Wann haben Sie selbst das letzte Mal in ähnlicher Weise an jemandem, der Ihre Meinung, Ihre Hilfe, Ihr Verständnis gesucht (aber nicht gefunden) hat, vorbeigeredet? Oder ist Ihnen das noch niemals passiert? Nun, dann sind Sie eine echte Ausnahme. Denn die Realität in unserem betrieblichen Alltag sieht gar nicht so viel anders aus als in dem Beispiel oben. Lesen Sie bitte diese (wahre) Situation!

Müller: Herr Lauben, die Kopien sind nicht besonders scharf geworden. Soll ich die Einstellung …
Lauben: Schon gut, Herr Müller. Sie sind noch neu hier. Lassen Sie die Pläne ruhig durchlaufen. Wir machen die schon immer mit dieser Einstellung.
Müller: Wollen Sie es sich nicht doch mal ansehen, Herr Lauben?
Lauben: Lassen Sie nur durchlaufen! Ich habe zu tun …

Als es sich zwei Tage später herausstellte, daß die Kopien doch zu schwach geworden waren, verlief das Gespräch wie folgt:

Lauber: Sagen Sie mal, Müller! Haben Sie denn nicht gesehen, daß keine der Bleistiftlinien durchgekommen ist?

Müller: Das wollte ich Ihnen ja zeigen, aber …

Lauben: Wenn Sie mir ganz klar gesagt hätten, was da los ist, hätte ich mich sofort gekümmert!

Ich glaube, wir sind uns einig, wenn wir von der Annahme ausgehen, daß nur ein *Miteinander-Reden* als gute und erfolgreiche Gesprächsführung angesehen werden kann. Nun gibt es prinzipiell zwei Möglichkeiten: entweder, die Kreise berühren oder überschneiden sich von Anfang an, was die Kommunikation mit diesem Partner sehr leicht macht. Er hat ja ähnliche Erfahrungen/Erwartungen, im Augenblick vielleicht eine ähnliche Stimmung, besitzt ähnliche Programme oder Vorurteile etc.:

Oder aber wir müssen versuchen, eine Brükke zu bauen. Und genau hier beginnt die Kunst guter Kommunikation! Diese Brücke zu bauen ist nämlich extrem schwierig: Je größer die Distanz, die den »Kreis« des Gesprächspartners (zunächst) von meinem trennt, desto schwieriger erscheint mir dieser Mensch als Kommunikationspartner. Auf der

anderen Seite: Wir brauchen ja kein Training, um mit denjenigen Menschen besser auszukommen, mit denen wir sowieso bereits leicht auskommen können, oder?

Diese Brücke stellt dann genauso *eine gemeinsame Basis* dar, wie sie durch Überschneiden der Kreise von Anfang an bestanden hätte. Je größer die gemeinsame Basis, die man so schafft, desto besser wird die Kommunikation. Dies ist aber nur möglich, wenn man Interesse für die Meinungen, Bilder, Gedanken, Ideen und Erfahrungen des anderen zeigt. Wenn man auch zuhören kann. Kurz: Wenn man *mit* dem anderen spricht, statt an ihm *vorbei.*

Text Nr. 2:

Meine Wirklichkeit, deine Wirklichkeit ...?

Wenn Sie das Charley-Whoop-Spiel bereits erlebt haben, dann haben Sie ja gesehen: Egal wie oft man das Spiel mit neuen Partnern macht, (fast) alle übersehen sie zunächst irgend etwas. Aber genaugenommen übersehen sie nicht wirklich irgend etwas, sondern: in jeder Charley-Whoop-Variante ist ein bestimmter Aspekt, der für alle Mitspieler ziemlich schwer wahrzunehmen ist. Warum? Weil wir aufgrund unserer Erfahrungen ähnlich ergänzen, wenn das Spiel beginnt. Je ähnlicher die Erfahrungen der Spieler, desto ähnlicher wird auch der Aspekt sein, den sie übersehen/überhören!

Dies ist ein biologischer Überlebensmechanismus: Denken Sie an einen Menschen vor Hunderttausenden von Jahren, der in der »wilden Natur« überleben mußte. Nehmen wir an, er sieht zum erstenmal in seinem Leben einen Berglöwen, er ergreift die Flucht und rettet sich. Und nun nehmen wir an, daß er einige Wochen später über einen Hügelkamm das oberste Drittel eines Berglöwenkopfes entdeckt. Sollte er jetzt lange überlegen, ob diesmal vielleicht eine Ziege an diesem Kopf hängen wird? Wohl kaum. Er *ergänzt* blitzschnell aufgrund seiner bisherigen Erfahrungen und ergreift sofort die Flucht! Somit sehen wir, daß dieser Ergänzungsme-

chanismus eng mit dem Überleben verknüpft ist. Deshalb sagt DITFURTH in seinem hervorragenden Buch *Der Geist fiel nicht vom Himmel* ja auch, daß die vornehmste Aufgabe unseres Gehirns nicht etwa darin bestünde, uns die »Realität« zu zeigen, sondern uns beim Überleben zu helfen. Anders ausgedrückt: Wenn das Gehirn zwischen »Wirklichkeit« und Überleben entscheiden muß, wird es jedesmal diejenige Art der Wahrnehmung wählen, die dem Überleben dient.
Diese *biologische Tatsache* führt jedoch zu psychologischen Mechanismen. So wissen wir normalerweise hierüber nicht viel, so daß wir unsere Art der Wahrnehmung (oft sogar ziemlich rechthaberisch) verteidigen, als gäbe es nur diese eine Möglichkeit, die Welt (oder ein Charley-Whoop-Spiel) zu sehen/hören.

Außerdem neigen wir dazu, unsere Sicht der Welt gegenüber anderen Möglichkeiten durch völlig »verrückte« Denkprozesse abzusichern.
Wenn Sie sich für die unglaubliche Denkakrobatik interessieren, mittels derer wir unser Weltbild aufbauen oder verteidigen, sollten Sie unbedingt das folgende Buch lesen: *Wie wirklich ist die Wirklichkeit?* (WATZLAWICK) Hierin sagt er:

> ... daß das wackelige Gerüst unserer Alltagsauffassungen der Wirklichkeit im eigentlichen Sinne wahnhaft ist, und daß wir fortwährend mit seinem Flicken und Abstützen beschäftigt sind – selbst auf die erhebliche Gefahr hin, Tatsachen verdrehen zu müssen, damit sie unserer Wirklichkeitsauffassung nicht widersprechen ...

> Es soll gezeigt werden, daß der Glaube, es gäbe nur eine Wirklichkeit, die gefährlichste all dieser Selbsttäuschungen ist; daß es vielmehr zahllose Wirklichkeitsauffassungen gibt, die sehr widersprüchlich sein können, (und) die alle das Ergebnis von Kommunikation und nicht der Widerschein ewiger, objektiver Wahrheiten sind.
> Die enge Beziehung zwischen Wirklichkeit und Kommunikation ist erst in letzter Zeit Gegenstand eingehenderer Untersuchungen geworden. Aus diesem Grunde hätte dieses Buch noch vor dreißig Jahren nicht geschrieben werden können ...

Aber nun (genaugenommen schon 1976) *hat* WATZLAWICK dieses Buch geschrieben und auf seine unverwechselbare Art einige Aspekte aufgezeigt, die m.E. *jeder* kennen sollte, der wirklich ein Könner auf dem Gebiet der Kommunikation sein (werden) möchte!

Wir werden bei Spielen wie Charley Whoop oder Telepathie sehr schnell feststellen, wie unterschiedlich Menschen dieselben Informationen wahrnehmen, beurteilen, gewichten und interpretieren. Dies sollte uns helfen, wenn jemand etwas anders sieht als wir! Es gibt eben nicht nur unsere eine Wirklichkeit, es gibt viele Wirklichkeiten. Und warum sollte die Art, wie unser Kunde die Welt wahrnimmt, weniger legitim sein als unsere eigene?

(Vergleichen Sie hierzu bitte auch den Abschnitt *Toleranz* in Teil I.)

Text Nr. 3:

Kommunikations-Ebenen

Wollen wir uns kurz einem Aspekt zuwenden, der von Gregory BATESON »gefunden« wurde; den jedoch Paul WATZLAWICK (mit BEAVIN und JACKSON)[1] beschreibt. Es geht um die beiden Kommunikations-Ebenen, auf welchen wir kommunizieren, wenn wir etwas sagen (schreiben), wenn wir also gerade »senden«:

Wir können die Arten von Signalen, die wir bei jeder Kommunikation gleichzeitig senden, zwei Kommunikations-Ebenen zuordnen, nämlich der *Inhalts-Ebene,* auf der wir Informationen von Kopf zu Kopf, austauschen, und der *Beziehungs-Ebene.* Hier sorgen unsere Gefühls-Signale dafür, daß wir eine positive, sachlich-neutrale oder negative Beziehung zu unserem Gesprächspartner »aufbauen«.
Von Bauch zu Bauch signalisieren wir z.B., ob wir den Gesprächspartner respektieren und ernst nehmen, oder wir klingen ironisch,

---

1 WATZLAWICK et al: *Menschliche Kommunikation – Formen, Störungen, Paradoxien,* (s. Lit. Verz.). Allerdings ist dieses Werk kein Sachbuch (wie das oben erwähnte *Wie wirklich ist die Wirklichkeit?*), sondern eher ein Fachbuch, das sich an Kommunikations-Experten (z.B. Therapeuten) wendet. Daher muß ein *Könner* es nicht unbedingt lesen, während ich das Buch *(Wirklichkeit)* jedem ans Herz legen möchte, der Könner sein (werden) will!

aggressiv usw. Nun leuchtet es sicher ein, daß die Kommunikation auf der *Inhalts-Ebene* um so besser verlaufen wird, je besser die Gefühle auf der Beziehungs-Ebene sind:

Ist die Beziehung positiv oder sachlich/neutral, dann hat der Empfänger sozusagen den Kopf frei für Inhalte; d.h. er kann sich auf die Information selbst (die Sie senden wollen) konzentrieren. Ist der Inhalt in einer Sprache abgefaßt, die für ihn verständlich ist, dann gibt es einerseits fast keine Kommunikationsprobleme, andererseits jedoch auch nur wenige unkonzentrierte Gesprächspartner (z.B. Kinder, Kunden oder angeblich demotivierte Mitarbeiter)!

Wird die *Beziehungs-Ebene* jedoch negativ eingefärbt, dann gilt: Wenn man negative Gefühle erleidet, dann negativiert sich auch die *Beziehungs-Ebene!* Aber sie wird nicht nur negativ, wie wird auch *wichtiger!* Jetzt ist der Betroffene weit mehr damit beschäftigt, zu »leiden«, als Ihnen zuzuhören (oder Ihren Brief zu lesen). Er ist jetzt, wie es in der Transaktionalen Analyse so schön heißt »vorbeschäftigt« (preoccupied). Und jetzt »wallt« der *psychologische Nebel* (nach FESTINGER): Je negativer die Gefühle, desto »nebliger« wird es. Sie sehen an dieser Zeichnung, daß der aufsteigende Nebel mehr und mehr Inhalt verschlucken wird.

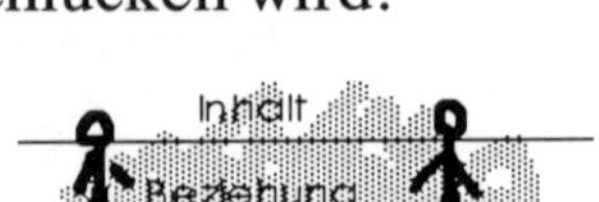

Je häufiger dies passiert, desto unwilliger wirken Ihre Gesprächspartner auf sie. Daran sind diese nicht »schuld«, sondern »schuld« ist die biologische Tatsache, daß wir bei Unlustgefühlen, bei Unsicherheit, bei Nervosität, bei Hemmungen, unter Zeitdruck usw. Streß-Hormone produzieren. Das heißt, daß ein uralter Gehirnteil, das Reptiliengehirn, auf Kampf- oder Fluchtverhalten umschaltet, während gleichzeitig das moderne Großhirn, also unser intelligentes Hirn, blockiert und bei Panik sogar vollkommen ausgeschaltet wird (Vgl. auch VESTER[2]).
Also kann ein Mensch, dem dies geschieht, im Augenblick eben nicht sachlich, rational oder vernünftig reagieren, weil er im psychologischen Nebel steht. Denn *vernünftig* leitet sich, wie RATTNER gezeigt hat, von *vernehmen* ab; der psychologische Nebel aber verschluckt Informationen, die daher derzeit nicht besonders deutlich (bzw.nicht vollständig) vernommen werden können!

---

2 In seinem Buch *Denken, Lernen, Vergessen* hat Frederic VESTER gerade die Entstehung von Denkblockaden überzeugend aufgezeigt!

Text Nr. 4:

Die Charley-Whoop-Effekte

Zunächst gehen die Mitspieler vom »Offensichtlichen« aus. Im Beispiel mit der Schere scheint dies die Schere selbst zu sein. In ähnlichen Spielen kann dies eine einleitende Bemerkung sein (die zunächst niemand als Teil der Botschaft auffaßt), oder eine Geste etc. Solange die Mitspieler zu wissen *glauben,* »worum es geht«, solange werden sie den fehlenden Teil der Botschaft genausowenig registrieren, wie ein Pferd mit Scheuklappen etwas an seiner Seite wahrnehmen kann! Und dies ist der erste Charley-Whoop-Effekt:

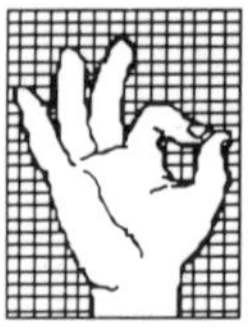

1. Annahmen verändern die Wirklichkeit

Eigentlich müßten wir natürlich sagen: »Annahmen verändern *die Wahrnehmung der* Wirklichkeit.« Aber für die tägliche Praxis ist die kürzere Formulierung treffender, denn die sogenannte Wirklichkeit des Empfängers enthält das Nichtwahrgenommene de facto ja wirklich nicht!

Praktische Konsequenzen des 1. Charley-Whoop-Effekts:

Denken Sie an eine Situation, in welcher Sie jemandem etwas mitteilen wollen. Ob dies nun ein Kunde ist oder ein Kollege, ein Mitarbeiter oder ein Freund; immer gilt: Wenn der andere meint zu wissen, worüber Sie mit ihm reden wollen (oder was Sie mitteilen bzw. zeigen werden), dann wird der Charley-Whoop-Effekt Nr. 1 mit Sicherheit »zuschlagen«: Alles, was nicht in die vorgefaßte Meinung Ihres Gegenübers »paßt«, wird er dann eben nicht wahrnehmen! Trotz aufmerksamen Hörens!

Viele meiner Seminarteilnehmer sagen jetzt: »Ganz einfach, dann schreibe ich eben ein Memo oder einen Brief.« Aber ich muß Sie warnen. Der Charley-Whoop-Effekt Nr. 1 wirkt genauso zuverlässig bei geschriebenen Texten! Das hat mit der Arbeitsweise des Gehirns zu tun, aber es würde zu weit führen, hier Details anzubieten.

Welche Konsequenzen wollen Sie selbst daraus ziehen, wenn dieser Effekt Nr. 1 das nächste Mal »zuschlagen« wird? Bitte notieren Sie Ihre Vorsätze am Rand.

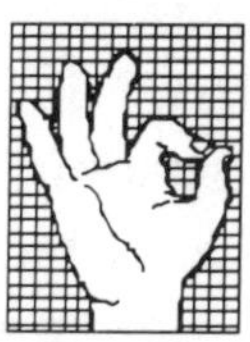

2. Verantwortung beim Sender!

In anderen Worten: Die Verantwortung für eine Nachricht sollte beim Sender liegen, *da nur der Sender die volle Botschaft kennt!*

Wenn Sie solche Spiele wirklich erlebt haben (werden), dann werden Sie sich erinnern: Der Sender bestimmte doch jeweils, ob die Rückkoppelung der Mitspieler 90% oder 100% seiner Botschaft betrug. Das tun Sie natürlich auch, wenn Sie »senden«, also bei jeder Information, die Sie im Alltag weitergeben. Denn Sie allein kennen doch die ganze Botschaft.

Sie bestimmen doch die Wichtigkeit einzelner Elemente und Sie setzen Ihren eigenen *semantischen Hof* für die von Ihnen verwendeten Wörter voraus (s. nächster Abschnitt: *Wie klar ist »glasklar«?*).
Solange Telepathie noch nicht praktikabel erscheint, solange wird es passieren, daß die Empfänger von Botschaften nicht »erraten« können, was der Sender meint.

Praktische Konsequenzen des
2. Charley-Whoop-Effekts:
Wer gerade (mal wieder) ein Charley-Whoop-Spiel gespielt hat, ist sich momentan durchaus darüber klar, daß er selbst die Botschaft mehrere Male sehen/hören mußte, ehe er »draufkam«, welchen Aspekt er zunächst aufgrund des Charley-Whoop-Effektes Nr. 1 »ausgeklammert« hatte. (Zwar ist die exakte Wiederholung in der normalen Praxis nicht optimal, aber bei Charley-Whoop-Spielen absolut notwendig (vgl. den Effekt Nr. 4). Jeder, der die Empfängerrolle (mit ihrer Frustration) bewußt erlebt, wird zugeben, daß der Sender ihm »helfen« sollte, die gesamte Botschaft wahrzunehmen. Aber im normalen Alltagsleben, wenn wir Sender sind, denken (fühlen, handeln) wir oft genau umgekehrt. Dann schieben wir den »Schwarzen Peter« für nicht wahrgenommene Teile der Botschaft viel zu häufig dem Empfänger zu.

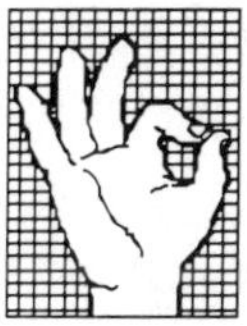

3. Wenn eine Panne passiert ...

... Wie meinen Sie, sollte der Rest dieser Regel lauten? Wie sollten wir uns verhalten, wenn wir merken, daß jemand etwas nicht oder nur teilweise gehört hat? *Wie* sollen wir kommunizieren, wenn jemand uns »mißverstanden« hat, wenn also der Charley-Whoop-Effekt Nr. 1 »zugeschlagen« hat? Wie lautet die ganze Regel? Erst nachdenken, dann weiterlesen bitte!

Stellen Sie sich vor, der Spielleiter eines Charley-Whoop-Spiels hätte den Eindruck vermittelt, Sie seien »schuld«. Zum Beispiel durch Bemerkungen wie: »Aber ich bitte Sie, jetzt habe ich Ihnen das doch schon viermal gezeigt!« oder ähnlich! *Wie hätten Sie sich dann gefühlt?* Werden Sie sich später daran *erinnern,* wenn *Sie* der *Sender* sind, und *andere* nicht sofort die »ganze Botschaft« begreifen, die Sie senden wollen?
Sind wir uns einig, daß das Schlimmste *nicht die Panne selbst* ist, sondern die Art, wie wir uns jetzt, hinterher, verhalten. Suchen wir jetzt den Schuldigen (wie ich schon sagte ...!), dann verletzen wir das Selbstwertgefühl des anderen, indem wir ihm den »Schwarzen Peter« zuschieben. Aber abgesehen davon, daß auch der beste Sender sich mal unklar ausdrückt (undeutlich spricht, etwas wegläßt),

selbst wenn es die »Schuld« des Empfängers wäre, fragen Sie sich bitte:

- Wem ist denn geholfen, wenn wir ihm dies »beweisen«?
- Dient es der besseren Kommunikation?
- Zeigt es Mitgefühl (auf der Beziehungs-Ebene!)?
- Baut es wirklich eine Brücke zum Kreis des anderen?

Wohl kaum. Daher schlage ich vor, die Regel wie folgt zu formulieren: *Wenn eine Panne passiert – löse das Problem kreativ, statt jetzt Schuldige zu suchen!*
Je unsicherer Ihr Gesprächspartner ist, desto hilfreicher kann es sogar sein, den »Schwarzen Peter« ganz bewußt auf uns zu nehmen, indem wir z.B. sagen: »Ich habe mich da vielleicht nicht klar ausgedrückt« oder »ich habe wahrscheinlich zu erwähnen vergessen ...« u.ä. Dies hilft dem Unsicheren, seine gesamte Aufmerksamkeit *jetzt* auf uns zu richten, da wir die Botschaft ja noch einmal (allerdings in abgewandelter Form; s. Charley-Whoop-Effekt Nr. 4, unten) senden werden. Und das ist enorm hilfreich für die gute Kommunikation (ab jetzt)! Sollte er sich hingegen über seine sogenannte Schuld ärgern (oder sich vor uns genieren), dann verbraucht er einen Teil seiner wertvollen Kraft mit innerlichen (Selbst-) Verteidigungsprozessen, die ihm natürlich für die effiziente Kommunikation fehlt. Er versucht sich vielleicht vor sich selbst (oder vor uns) zu rechtfertigen; dabei steht er aber im erwähnten psychologischen Nebel und solange dieser Nebel »wallt«, solange wird er

jetzt nicht gut vernehmen können (vgl. *Kommunikationsebenen,* oben).

Praktische Konsequenzen des
3. Charley-Whoop-Effekts:
Achten Sie einmal bewußt darauf, wie häufig man die Schuld dem Empfänger zuschiebt. Dies können Sie bei Gesprächen im Alltag genauso beobachten wie im Fernsehen (z.B. bei Interviews oder Diskussionssendungen). Achten Sie auf Bemerkungen wie:

- Aber das habe ich Ihnen doch mitgeteilt!
- Wie ich vorhin bereits sagte!
- Ich habe Sie doch ausdrücklich gebeten (dies *so* zu machen)!
- Das stand aber in dem Brief an Sie!

(und ähnlich)

Solche Botschaften implizieren sowohl, daß der Empfänger »schuld« sei als auch, daß er unfähig oder unwillig auf den Sprecher solcher Sätze wirke. Je weniger dies jedoch der Fall ist, desto mehr wird er diese Haltung des Senders übelnehmen. Das aber produziert jetzt den psychologischen Nebel. Und dieser verhindert eine effiziente Kommunikation gerade jetzt, da wir das (Nicht- bzw.) Mißverständnis aufklären wollen.
Noch etwas gilt es zu bedenken: Wenn der andere sich in seinem Selbstwertgefühl *angegriffen* fühlt, was wird er sagen? Nun, er wird sich rechtfertigen *(Das haben Sie mir genau so angeschafft!)* oder Sie beschuldigen *(Das haben Sie nie gesagt!)* oder Selbstanklage erheben *(Ich weiß, ich bin eh zu blöd dafür!)*. Frage: Wem nutzt das?

Welche Konsequenzen wollen Sie selbst daraus ziehen, wenn dieser Effekt Nr. 3 das nächste Mal »zuschlagen« wird? Bitte notieren Sie Ihre Vorsätze am Rand.

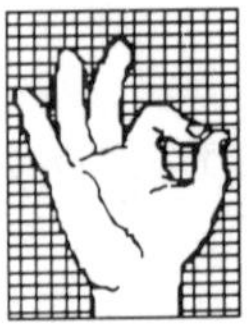

4. Wiederholen oder nicht?

Je komplizierter die Botschaft war, die Sie in einem Charley-Whoop-Spiel kennengelernt haben, desto klarer sahen Sie: Was der Empfänger aufgrund von *Charley-Whoop-Effekt Nr. 1* »ausgefiltert« hat, wird er bei exakten Wiederholungen kaum besser wahrnehmen! Deshalb können manche dieser Botschaften zwanzig- oder dreißigmal wiederholt werden, und einige Mitspieler sind immer noch nicht in der Lage, die ganze Botschaft richtig (im Sinne des Senders) wiederzugeben. Das ist ja gerade einer der faszinierenden Aspekte an diesem Spiel: Selbst wenn einige »es« schon können, scheinen andere das Spiel noch lange nicht zu durchschauen.

Praktische Konsequenzen des
4. Charley-Whoop-Effekts:

a) Wiederholen Sie nie exakt, außer man hat einen Teil Ihrer Botschaft akustisch nicht verstanden und Sie deshalb um eine genaue Wiederholung gebeten.

b) Lenken Sie die Aufmerksamkeit des Senders auf einen anderen Aspekt als beim ersten Mal. Das ist der beste Weg, die psychologischen Scheuklappen zu »lockern«. Damit geben Sie dem Partner andere (oder zusätzliche) Informationen, welche die Gesamtbotschaft jetzt »anders« erscheinen lassen. Somit aber wird die Blockade durch den Charley-Whoop-Effekt Nr. 1 aufgehoben.

c) Versuchen Sie durch Fragen herauszufinden, welche Teile der Botschaft bereits angekommen sind, damit Sie diese *nicht* noch einmal mit ihm durchgehen. Das erinnert nämlich sonst möglicherweise an belehrende Personen aus der Kindheit; wobei viele Menschen (nicht nur, aber auch Kunden!) auf solche Erinnerungen ausgesprochen negativ reagieren.
Welche Konsequenzen wollen Sie selbst daraus ziehen, wenn dieser Effekt Nr. 4 das nächste Mal »zuschlagen« wird? Bitte notieren Sie Ihre Vorsätze am Rand.

Halten wir fest: Es gibt immer »gute Gründe«, wenn Ihr Gegenüber etwas nicht wahrgenommen hat, was Sie senden wollten:

- Er kann einen Teil der Botschaft »ausfiltern«, weil er meint zu wissen, worum es geht (Charley-Whoop-Effekt Nr. 1). Dies ist kein böser Wille, sondern im Gegenteil sein Versuch, aktiv mitzudenken und vorauszuahnen, was Sie (sagen) wollen. Wir sollten also keinesfalls mit Ärger oder Ungeduld hierauf reagieren.
- Er kann manche Wörter, die Sie verwenden, anders interpretieren (s.

Wie klar ist »glasklar«?, nächster Abschnitt, unten). Auch dies geschieht nicht durch bösen Willen, sondern weil er diesen Begriff eben bisher nur in einer anderen Bedeutung kennengelernt hat.

- Sie selbst könnten etwas vergessen haben. Wenn Sie aber später »schwören«, daß Sie es sehr wohl gesagt haben, dann ist Ihre Wirklichkeit eine andere als die Ihres Gesprächspartners! Wie viele Videoaufzeichnungen in Seminaren haben schon bewiesen, wie oft jemand »rechts« statt »links« sagt oder eine Information vergißt, hinterher aber hundertprozentig sicher ist, richtig gesendet zu haben.

Nun, im Alltag haben wir normalerweise keine Kamera mitlaufen. Aber vielleicht glauben wir ab und zu, daß auch wir einen Fehler gemacht haben könnten? Zumindest für die Kommunikation wäre dies sicher gut. Denn es vermeidet den psychologischen Nebel und damit weitere Mißverständnisse.

Text Nr. 5:

Wie klar ist »glasklar«?

Viele Menschen gehen von der Annahme aus, daß es eine »glasklare« Botschaft geben könne; aber das stimmt nicht! Ob eine Botschaft »klar« verständlich ist, hängt doch nicht nur vom Sender ab, sondern genausosehr von dem jeweiligen Empfänger! Eine der wichtigsten Spielregeln guter Kommunikation, die nämlich extrem häufig verletzt wird, lautet daher auch:

Die Sprache meiner Botschaft muß an *diesen* Empfänger gerichtet werden; dann ist sie für ihn verständlich.

1. Verbale Droodles

Ehe ich Ihnen erkläre, was ein *verbales Droodle* ist, möchte ich noch einmal das bereits auf S. 40 erwähnte Fallbeispiel anbieten. Bitte stellen Sie sich folgende Situation vor: Sie sind zu sechst im Restaurant; jeder hat (à la carte) etwas anderes zu essen bestellt; die Getränke sind bereits serviert worden, und Sie unterhalten sich angeregt. Nun kommt der Ober mit den beiden ersten Gerichten:

Ober: Schwein?
Gast 1: Das bin ich.
Ober: Kalbshaxe?
Gast 2: Die hatte ich.

Eine ganz normale Situation, nicht wahr? Aber wenn man das Gesagte wörtlich nähme, wären die Botschaften ausgesprochen absurd! Natürlich »macht das nichts«, denn alle Beteiligten wissen ja genau, was gemeint ist! Aber was passiert, wenn jemand einmal nicht ergänzen kann? Dann wird eine solche Stümmelbotschaft im Telegrammstil zu einem *verbalen Droodle.* Nun kann ich Ihnen meine neue Wortschöpfung nahebringen! Zunächst ist ein *droodle* im Englischen eine Zeichnung, die ein Rätsel enthält. Versuchen Sie zu erraten, was die hier gezeigten Droodles darstellen könnten!

a

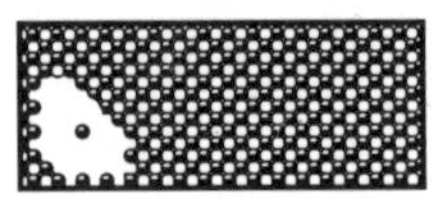

b

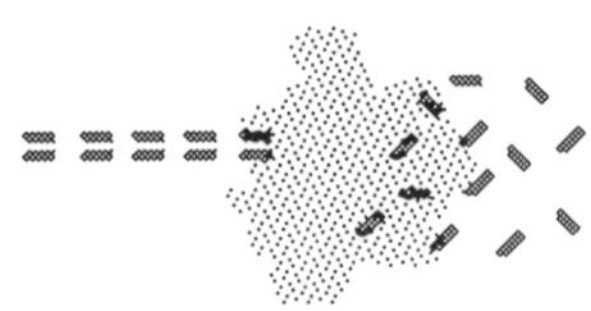

Falls Sie gleich eine Mini-Übung daraus machen wollen, könnten Sie sich ja pro Bild so viele mögliche Lösungen ausdenken, wie Ihnen einfallen …

Nun, was ich mit den beiden Droodles tatsächlich »gemeint« habe, ist für das Bild a ein Bazillus, der Penicillin erwischt hat, also meiden die anderen ihn! Und Bild b soll eine Ameisenkolonie darstellen, die durch eine Alkoholpfütze marschiert ist.

Es geht nicht darum, ob Sie diese Lösungen besser finden als Ihre eigenen; ich wollte Ihnen nur das Konzept eines Droodles nahebringen. Bei einem Droddle weiß man von vornherein, daß die Botschaft nicht komplett ist, anders bei einem **verbalen Droodle:** Hier sendet jemand eine Botschaft, die er für »glasklar« hält! Wenn der Empfänger jedoch *nicht* automatisch richtig (im Sinne des Senders) ergänzen kann, dann ist es »passiert«! Entweder stellt er eine Rückfrage (was die meisten Menschen nicht tun!) oder aber der Sender geht fälschlicherweise davon aus, er sei verstanden worden. Wenn es sich erst morgen oder übermorgen herausstellt, daß ein Mißverständnis vorlag, wird der Sender meist ungehalten (vgl. *Charley-Whoop-Effekt Nr. 3,* letzter Abschnitt, oben).

2. Der semantische Hof

Angenommen, Sie sind Kunde in meinem Brillengeschäft, und ich erzähle Ihnen etwas über Ihren *Astigmatismus.* Egal wie »eindeutig« oder »glasklar« die Aussage (in meinen Augen, gemäß meiner Kenntnisse) auch sein mag, *Sie* müssen eine klare Vorstellung haben, sonst »verstehen« Sie nicht. Dann können Sie sich kein »Bild machen« (vgl. im Englischen **I see** bzw. **I don't see** für »ich verstehe« bzw. »ich verstehe nicht«). Das heißt: Wenn der Empfänger sich keine Vorstellung machen kann, ist Verständnis unmöglich. (Vgl. hierzu auch mein Buch *Stroh im Kopf? – Gebrauchsanleitung für's Gehirn,* wo gerade diese Aspekte aufgezeigt werden.)
Nun sind die Vorstellungen, die verschiedene Menschen mit einem Begriff verbinden, aber nicht unbedingt identisch. Ihr Gesprächspartner kann zu einem von Ihnen gewählten Wort gar kein Bild haben, oder aber ein anderes als

Sie! Man spricht hier vom *semantischen Hof* oder dem Bedeutungshof eines Wortes.

Beispiel: Ein Laie, der sich in punkto Computer erstmals beraten läßt, könnte in der Regel nur einen Bruchteil der Botschaften eines typischen EDV-Beraters paraphrasieren, weil er viele Begriffe gar nicht versteht bzw., weil er mit so manchem Begriff (wie z.B. *Baustein*) eine ganz andere Vorstellung verbindet als der Sender. Nehmen wir an, der Empfänger denkt an einen Baustein für ein Haus, während der Berater »selbstverständlich« einen Textbaustein (z.B. für Serienbriefe) meint! Also kann ein unterschiedlicher *semantischer Hof* für ein Wort dazu führen, daß man den anderen im wahrsten Sinne des Wortes nicht versteht.

Praxistip:

Überprüfen Sie einmal, inwieweit in Ihrer Firma der Kunde mit branchen- oder firmeninternen Kürzeln überhäuft wird, zu denen er keine (zumindest nicht Ihre) Vorstellung hat? Oder welche Chance neue Mitarbeiter haben, sich schnell zurechtzufinden? Oder ob die Gebrauchsanleitung für Ihr Produkt wirklich eine echte Anleitung für jemanden darstellt, der erst lernen soll, damit umzugehen? Oder inwieweit die Berater Ihres Hauses, falls Sie ein erklärungsbedürftiges Produkt (eine solche Dienstleistung) vermarkten, ihrer Aufgabe wirklich gerecht werden?

Aber es sind ja nicht nur rationale »Verständnis-Unterschiede«, die bei guter Kommunikation noch relativ leicht aufgeklärt werden können. Hier kann z.B. ein Wörterbuch aufzeigen, daß oft beide Bedeutungen »richtig« (d.h. allgemein so gebraucht) werden. Viel schwieriger wird es, wenn der emotionale Bedeutungshof unterschiedlich ist. Einzelne Wörter/Begriffe werden nämlich durch Erziehungs- und Bildungsprozesse emotionell »eingefärbt«.

Beispiel: Der Begriff *fleißig* ist für viele Menschen (besonders hier in Deutschland und in der Schweiz, aber auch in Japan oder China!) ein *positiv* besetztes Wort. Wenn Sie aber mit einem Menschen sprechen, der diese (traditionellen) Werte hinterfragt, dann wird das Wort in seinen Ohren eben nicht unbedingt positiv »klingen«. Dies sind zum einen immer mehr Arbeitslose, die gerade solange sie an ihrer Arbeitsethik festhalten wollen, verzweifeln. Zum anderen sind dies jedoch auch immer mehr (nicht nur junge) Menschen, die sich fragen: *Lebe ich eigentlich, um zu arbeiten (also fleißig zu sein) oder sollte ich vielleicht (nur) arbeiten, um leben zu können?*
Nun ist gerade dieser Aspekt sehr wichtig, wenn man Menschen mittels Sprache beeinflussen will, sei dies nun im Zuge einer (gut gemeinten) Motivation oder im Sinne einer Manipulation (z.B. bei Propaganda). Gerade der gezielte Einsatz bestimmter Wörter, die emotional »vorgeladen« sind (weil sie bei den meisten Mitgliedern der Zielgruppe ähnliche Gefühle auslösen werden), macht Sprache zur Waffe. Und je weniger sprachbewußt der

einzelne ist, desto hilfloser ist er solchen Praktiken ausgeliefert.

Wer sich nämlich (fast) nie mit Sprache (als Instrument des Denkens!) auseinandersetzt, der merkt gar nicht, daß eine »neutrale Meldung« in Presse oder Fernsehen einmal von *Freiheitskämpfern,* ein anderes Mal von *Terroristen* spricht. *Terroristen* sind z.B. Menschen, mit denen man nach Meinung einiger maßgeblicher Politiker in diesem unserem Lande »nie mehr« reden darf; auch wenn sie sich aus der Szene lösen und einen Neuanfang machen wollen! Während jeder normale *Kriminelle* natürlich die Chance hat, durch seine Strafe »geläutert« (sprich: ein »neuer« Mensch) zu werden!

Ähnlich sind *Asylanten* (per semantischem Hof für viele Deutsche) Leute, die nur von unserem Wohlstand profitieren wollen; und Ausländer sind für viele »Mitmenschen« bei uns Leute, die Deutschen den Arbeitsplatz wegnehmen (weil ja so furchtbar viele Deutsche sich um diese Jobs drängen! Oder möchten Sie gerne Müllmann werden?). Ein weiteres Beispiel: Denken Sie bitte an den *Ladenschluß!* Leute, die eine freie Regelung für freie Bürger wünschen (wie sie in der ganzen übrigen Welt inkl. des Ost-Blocks möglich ist), sprechen vom Ladenschluß. Die anderen, die uns einreden wollen, daß selbst die meisten Verbraucher alles beim Alten belassen möchten, reden immer nur vom Ladenschluß-*Gesetz;* damit man nie vergißt, daß es sich hier um ein bestehendes Gesetz handelt (und wer wird es wagen, ein Gesetz zu hintertreiben?).

Schlüsselfrage: Wer bestimmt denn, wann welcher Begriff »richtig« ist? Antwort: Nun, bei einer Nachrichtenmeldung ist es der Redakteur, bei »offiziellen Kundgebungen« mag dies ein Politiker sein, in der Firma der Chef etc. Und bei Ihren Aussagen *sind Sie* es *selbst*! Ob Sie jedoch bewußt oder unbewußt Wörter verwenden, die emotional positiv (oder negativ) besetzt sind, kann allerdings einen Unterschied machen. Denn, wenn es »nur« unbewußt »geschieht«, dann haben Sie ja weit weniger Kontrolle über sich und Ihre Welt, als Sie vielleicht meinten.

Wir haben festgehalten, daß Sprache z.T. unvollständig sein kann, oder aber daß der (logische) Bedeutungshof (bzw. der emotionale) »anders« sein kann. Desweiteren kann der Empfänger per Charley Whoop irgend etwas nicht (oder anders) hören/lesen. Trotzdem tun wir im Alltag immer so, als sei jede Kommunikation automatisch so »glasklar«, wie wir meinen, daß sie sein *sollte*.

Ein amerikanischer Semantiker (MANDINO) hat dies einmal sehr gut »auf den Punkt« gebracht, indem er es wie folgt ausdrückte:

Immer wenn ich Worte höre/lese, glaube ich, ohne darüber nachzudenken, der Sender hätte mit seinen Worten genau *das* gemeint, was *ich* gemeint *hätte,* wenn ich diese Worte verwendet hätte!

Deshalb meine ich: *Entwickeln Sie Ihr Sprachgefühl!* »Schärfen« Sie Ihr Sprachbewußtsein. Kommunikation bedeutet mehr Sprachgefühl für Könner als für »normale« Menschen (vgl. auch Stabilisierungsaufgaben hierzu).

Literaturverzeichnis

ALGERNON, CAROLA: Vier Tricks, mit denen Sie (fast) jede Wette gewinnen, 2. Auflage, Odelzhausen 1986

BATESON, GREGORY: Ökologie des Geistes, Frankfurt 1981

BIRKENBIHL, VERA F.: Fragetechnik schnell trainiert, München/Landsberg 1988

BIRKENBIHL, VERA F.: Kommunikationstraining, 8. Auflage, München/Landsberg 1987

BIRKENBIHL, VERA F.: Signale des Körpers – Körpersprache verstehen, 5. Auflage, München/Landsberg 1988

BIRKENBIHL, VERA F.: Stroh im Kopf, München/Landsberg 1988

CONSIDINE, RAY/RAPHEL MURRAY: Der große Ideenklau, 2. Auflage, Bonn 1984

DITFURTH, HOIMAR VON: Der Geist fiel nicht vom Himmel – Die Evolution unseres Bewußtseins, Hamburg

GORDON, THOMAS: Managerkonferenz – Effektives Führungstraining, Reinbek 1982

KNIGGE, FRHR. ADOLF VON: Über den Umgang mit Menschen, Frankfurt 1987

LAGER, LANE: Mental Judo (Rohmanuskript), Californien/USA 1985

MANDINO, OG.: Das Geheimnis des Erfolgs, Bonn 1986

RATTNER, JOSEF: Der schwierige Mitmensch – Psychotherapeutische Erfahrungen zur Selbsterkenntnis, Menschenkenntnis und Charakterkunde, Frankfurt 1973

RATTNER, JOSEF: Psychologie der zwischenmenschlichen Beziehungen, Freiburg 1969
SATIR, VIRGINIA: Selbstwert und Kommunikation, München 1987
SCHNEIDER, WOLF: Wörter machen Leute, Reinbek 1986
SEIWERT, LOTHAR J.: Mehr Zeit für das Wesentliche, Landsberg 1986
STEVENS, JOHN O.: Die Kunst der Wahrnehmung, München 1975
VESTER, FREDERIC: Denken, Lernen, Vergessen; München 1978
WATZLAWICK, PAUL (Hrsg.): Menschliche Kommunikation – Formen, Störungen, Paradoxien; 4. Auflage, Stuttgart 1974
WATZLAWICK, PAUL: Wie wirklich ist die Wirklichkeit?, 14. Auflage, München 1986

Stichwortverzeichnis

Das große Toncassetten-Seminar von Vera F. Birkenbihl

Persönlichkeitstraining
Kompakt-Seminar
für Ihren beruflichen
und persönlichen Erfolg

Vera F. Birkenbihl

5 Toncassetten à 60 Minuten,
umfangreiches Begleitbuch,
235 Seiten,
48 Seiten-Arbeitsbuch
ISBN 3-478-06300-0
DM 128,–

Das „Persönlichkeitstraining" ist ein Kompakt-Seminar für die berufliche und persönliche Weiterbildung; es ist an keine Altersstufe gebunden, an keine Position, an keine Vorkenntnisse.

Cassette 1: Körpersprachliche Signale wahrnehmen, verstehen und einsetzen

Cassette 2: Der richtige Umgang mit Streß – wie man negativen Streß vermeidet

Cassette 3: Training von Feingefühl und psychologischem Geschick

Cassette 4: Die wichtigsten Kommunikationsregeln

Cassette 5: Der Weg zur erfolgreichen Persönlichkeit – seine Situation erkennen und ändern

Wer seine Persönlichkeit selbständig weiterentwickeln oder seine Fähigkeiten im psychologisch-kommunikativen Bereich verbessern will, wird aus dieser Cassetten-Buch-Kombination großen Nutzen ziehen: Wissenschaftliche Erkenntnisse werden verständlich, mit vielen Beispielen anschaulich aufgearbeitet.

mvg verlag Justus-von-Liebig-Straße 1 · 8910 Landsberg/Lech

Wer fragt, führt!

Fragetechnik schnell trainiert
Das Trainingsprogramm
für Ihre erfolgreiche
Gesprächsführung
Weiterbildungsseminar
Von Vera F. Birkenbihl
109 Seiten
Efalin mit Schutzumschlag
ISBN 3-478-07150-X
DM 48,–

„Im Zweifelsfalle gar nichts sagen, lieber etwas fragen!"

Denn: Wer fragt, bestimmt die Richtung des Gesprächs; geschickt angewandte Fragetechnik ermöglicht eine gezielte Gesprächsführung.
In drei Schritten übt der Leser die praktische Anwendung dieser Kommunikationsidee:

- systematisches Vorgehen durch gezieltes Fragen
- durch Fragetechnik die Ablehnung des Kommunikationspartners verhindern
- Einüben entsprechender Gesprächsstrategien für den erfolgreichen Umgang mit ablehnenden Entscheidungen

Der Leser wird dazu angehalten zu handeln, erlernte Fragetechniken durch Spiele und Übungen in die Praxis umzusetzen.
Ein theoretischer Teil verdeutlicht Hintergründe und Ziele des kommunikativen Trainingsprogramms.

Sollten Sie an den Seminaren von Frau Birkenbihl interessiert sein (von denen es nur wenige „offene" gibt, da sie in der Regel firmenintern schult), dann schreiben Sie bitte an:

Moderne Verlagsgesellschaft – Seminardienst,
Justus-von-Liebig-Straße 1, D-8910 Landsberg am Lech

mvg-Paperbacks von Vera F. Birkenbihl

Freude durch Streß
5. Auflage, 167 Seiten, Paperback
ISBN 3-478-02544-3 DM 7,80

Kommunikationstraining
Zwischenmenschliche Beziehungen erfolgreich gestalten
8. Auflage, 315 Seiten, Paperback
ISBN 3-478-03040-4 DM 14,80

Psycho-logisch richtig verhandeln
Professionelle Verhandlungstechniken mit Experimenten und Übungen
2. Auflage, 217 Seiten, Paperback
ISBN 3-478-03050-1 DM 11,80

Erfolgstraining
Schaffen Sie sich Ihre Wirklichkeit selbst!
240 Seiten, Paperback
ISBN 3-478-03150-8 DM 11,80

Signale des Körpers
Körpersprache verstehen
5. Auflage, 144 Seiten, Paperback
ISBN 3-478-02822-7 DM 11,80

Stroh im Kopf?
Gebrauchsanleitung für's Gehirn
ca. 250 Seiten, Paperback
ISBN 3-478-03670-0 DM 14,80

Toncassettenprogramme

Persönlichkeits-Training
Kompakt-Seminar für Ihren beruflichen und persönlichen Erfolg
5 Toncassetten mit umfangreichem Begleitbuch, 240 Seiten, und Arbeitsheft
ISBN 3-478-06300-0 DM 128,00

Gekonnt entscheiden
40-Seiten-Broschüre
Toncassette ca. 40 Minuten
ISBN 3-478-06340-X DM 19,80

Sprache als Instrument des Denkens
Wie Sprache mein Denken beeinflußt
32-Seiten-Broschüre
Toncassette ca. 40 Minuten
ISBN 3-478-06290-X DM 19,80

mvg verlag
Justus-von-Liebig-Straße 1 · 8910 Landsberg/Lech